...ce todo
sobre
informática
básica para
mayores

2.ª Edición

D1202752

Conoce todo sobre informática básica para mayores

2.ª Edición

Ana Cruz Herradón

 Ra-Ma®

La ley prohíbe
fotocopiar este libro

Conoce todo sobre informática básica para mayores. 2.ª Edición
© Ana Cruz Herradón
© De la edición Ra-Ma 2014
© De la edición: ABG Colecciones 2020

Editado por:
RA-MA Editorial
Madrid, España

Colección American Book Group - Informática y Computación - Volumen 51.
ISBN No. 978-168-165-759-2
Biblioteca del Congreso de los Estados Unidos de América: Número de control 2019935232
www.americanbookgroup.com/publishing.php

Maquetación: Gustavo San Román Borrueco
Diseño Portada: Antonio García Tomé
Arte: Rawpixel.com / Freepik

A todos "los mayores" que adquirieron la primera edición de esta obra; en especial a los que me hicieron llegar sus entrañables y motivadores comentarios a través de correo electrónico. Sinceramente, gracias a todos.

ÍNDICE

INTRODUCCIÓN

Adentrarse en el mundo de la informática es a menudo para muchos mayores una tarea ardua a la que se enfrentan por primera vez sin (o con escasos) conocimientos previos y con multitud de dudas y de desconfianza. Se introducen en un terreno plagado de conceptos y términos que, lejos de conquistarles, trazan una línea de separación infinita entre el adulto y el ordenador.

Con este libro cualquier adulto podrá acercarse al mundo de la informática de una manera sencilla, didáctica y, ante todo, práctica, de forma que su primer contacto con los ordenadores sea una experiencia placentera pero a la vez útil y realista.

Si con anterioridad nunca se aproximó a un ordenador, si lo hizo y no profundizó en la materia o, sencillamente, si desea mejorar en el manejo de algunas herramientas básicas, está usted delante de un libro que le ayudará a comprender y a aprender a realizar las tareas más habituales con una extraordinaria facilidad, siguiendo las imágenes y los ejemplos prácticos que a lo largo de toda la obra se van planteando.

A partir de la lectura de este libro términos como Windows, navegadores, correo electrónico, Facebook, Excel, etc., dejarán de ser grandes desconocidos para introducirse en su quehacer cotidiano de forma que, con posterioridad a su lectura, desee adentrarse más y más en el mundo de la informática.

Si así fuera, se lo agradezco por adelantado, les invito a que me lo hagan saber escribiéndome un *e-mail* a la dirección de correo **anacruz.autora@gmail.com**.

EL ORDENADOR

Es posible que alguna vez se haya sentado delante de un ordenador e incluso que ya haya hecho sus primeros "pinitos" con él, pero también es posible que aun así no sepa con exactitud qué es, para qué sirve y cuáles son las funcionalidades para las que están programadas estas máquinas.

Lejos de dar definiciones complejas de cada uno de los elementos y componentes de un ordenador, en los siguientes epígrafes de este primer capítulo trataremos que asimile, de una forma sencilla, los conceptos que consideramos necesarios para comenzar a trabajar.

1.1 ELEMENTOS DEL ORDENADOR

Cuando por primera vez se ponga delante de un ordenador estará a punto de trabajar con un equipo que es capaz de procesar la información que usted le envía para poder presentársela con posterioridad en la forma que usted le indique. Pero para que la máquina pueda transformar esa información necesita dos grandes elementos:

1.1.1 Los dispositivos: Hardware

El hardware de un ordenador son los dispositivos físicos y tangibles que lo componen, es decir, los cables, los circuitos, la pantalla, el teclado, el disco duro, la impresora, etc., algunos de los cuales serán analizados con detalle en el epígrafe siguiente.

1.1.2 Los programas: Software

El software de un ordenador, al contrario que el hardware, está compuesto por la parte intangible del mismo, es decir, son los programas informáticos que hacen funcionar al equipo como, por ejemplo, el sistema operativo Windows, que será analizado en el siguiente capítulo de este libro.

1.2 COMPONENTES BÁSICOS DEL ORDENADOR

Como ya se ha dicho anteriormente, los dispositivos que conforman la parte tangible de un ordenador (hardware) son varios. A continuación analizaremos los componentes más básicos con los que trabajará a partir de ahora.

1.2.1 Disco duro

Como su propio nombre indica, es un disco que permite almacenar la información (programas y datos) que contiene el ordenador. Al ser internos los datos almacenados en ellos corren menos peligro de pérdida que los guardados en discos extraíbles.

Su capacidad de almacenamiento es muy elevada, lo que permite guardar una gran cantidad de información, que se suele medir en Gbytes, aunque dados los rápidos avances tecnológicos esta medida está dejando paso a los denominados "Terabytes"; 1 Terabyte equivale a 1.000 Gbytes. En la actualidad los discos duros oscilan entre los 500 Gbytes y 2 Terabytes.

Aunque suelen ser fijos, actualmente existe la posibilidad de acoplar más de uno al mismo ordenador e incluso conectar un disco duro externo mediante un puerto USB.

1.2.2 Discos extraíbles

Son dispositivos que también permiten el almacenamiento de datos pero que, al contrario de los anteriores, son externos al propio ordenador. Son varios los tipos de discos extraíbles que usted podrá utilizar en su ordenador: los CD, los DVD y los USB, estos últimos conocidos popularmente como *pendrives*.

Todos ellos permiten almacenar datos con una capacidad limitada, siendo en la actualidad el más utilizado y el de mayor capacidad el USB, que permite acumular una enorme cantidad de información en un dispositivo minúsculo que puede conectarse a cualquier ordenador que disponga de un puerto USB (en la actualidad todos los ordenadores los incluyen). La capacidad de un *pendrive* es muy variada y dependerá de sus necesidades de almacenamiento; de esta forma podrá encontrarlos desde 4 Gbytes hasta 64 Gbytes, oscilando también el precio en función de dicha capacidad.

Mediante los puertos USB usted podrá conectar a su ordenador no solo su *pendrive*, sino también otros aparatos periféricos como las impresoras, los MP3, los ratones, etc., de los que nos ocupamos en el siguiente epígrafe.

1.2.3 Periféricos

Son los elementos que permiten la entrada y salida de datos del ordenador. Se clasifican, por tanto, en periféricos de entrada y en periféricos de salida siendo los más básicos los que vemos a continuación.

1.2.3.1 TECLADO

Es un periférico de entrada de datos que tiene una especial importancia porque permite introducir datos e instrucciones en el ordenador a través de una serie de teclas que siguen el mismo orden del teclado de una máquina de escribir. Destaca la importancia de la tecla ENTER, que sirve para confirmar las órdenes dadas al ordenador y el teclado numérico situado en la parte derecha del mismo, que sirve no solo para representar números, sino también para desplazarse por la pantalla.

1.2.3.2 PANTALLA

La pantalla o monitor es el periférico de salida de datos más utilizado. Su apariencia es similar a la de un aparato de televisión y en la actualidad cuentan con una magnífica resolución de imagen y con tamaños que oscilan entre las 19" y 27" (pulgadas).

1.2.3.3 RATÓN

Es el periférico de entrada de datos que facilitará su trabajo con el ordenador, pues le permitirá desplazarse por la pantalla así como marcar y seleccionar cualquier objeto que se visualice en ella.

Sin duda, lo más importante de este dispositivo es diferenciar para qué sirven el botón izquierdo y derecho del mismo:

El *botón izquierdo* le permitirá realizar prácticamente la totalidad de las operaciones que efectúe con él, ya que podrá seleccionar, apuntar, marcar, desplazarse, etc., por la pantalla. Para ello deberá pulsar una sola vez (un clic) con su dedo índice en el botón izquierdo. También se utiliza para abrir archivos o carpetas haciendo un doble clic rápido sobre dicho botón.

El *botón derecho* le posibilitará acceder a determinadas acciones o menús contextuales que iremos viendo a lo largo del libro.

Así mismo, en la actualidad los ratones han mejorado su funcionalidad con una rueda central, situada entre ambos botones, que le permitirá desplazarse rápidamente por los archivos en los que esté trabajando.

1.2.3.4 IMPRESORA

Este periférico de salida le permitirá plasmar en papel la información que contenga su ordenador y que usted mismo haya procesado.

Actualmente existen multitud de impresoras en el mercado, por lo que podrá elegir la que más se adecue a sus necesidades en función de las tareas que realice con su ordenador.

1.2.3.5 ESCÁNER

Es un dispositivo de entrada que permite digitalizar archivos, bien sean de texto o imágenes, ya que su función es capturar dichos archivos para poder posteriormente modificarlos con el software adecuado.

1.2.4 Acciones esenciales en el ordenador

Si bien los elementos anteriormente especificados le permitirán realizar multitud de operaciones con su ordenador, existen dos acciones básicas que es imprescindible conocer antes de comenzar a trabajar con el resto.

1.2.4.1 PUESTA EN MARCHA

Para poner en marcha un ordenador asegúrese en primer lugar que están conectados a la red todos sus elementos y dispositivos y, posteriormente, realice los siguientes pasos:

- Pulse el botón de encendido de su ordenador.

- Si su ordenador es portátil el paso anterior encenderá tanto el ordenador como la pantalla; en caso contrario pulse también el botón de encendido de su pantalla.

- Espere hasta que el ordenador esté completamente encendido para comenzar a trabajar. No le "atosigue" pulsando el ratón antes de que haya finalizado su puesta en marcha pues esto solo hará que se ralentice el tiempo de encendido.

1.2.4.2 APAGADO Y REINICIADO

Apagar un ordenador conlleva una operación sencilla pero que consiste en algo más que volver a pulsar las teclas de puesta en marcha.

Para apagar un ordenador correctamente siga los pasos que se indican:

1. Sitúese en el botón **Iniciar** que aparece en la parte inferior izquierda de su pantalla y haga clic en él para que visualice el desplegable que aparece en la siguiente imagen:

2. A continuación haga clic en el botón **Apagar** señalado con una flecha en la imagen anterior. A partir de ahí el ordenador se apagará solo sin necesidad de que pulse ningún otro botón (salvo la pantalla si procede).

3. También podrá escoger otras opciones haciendo clic en la flecha desplegable del botón **Apagar**, que muestra la siguiente imagen, algunas de las cuales se detallan a continuación:

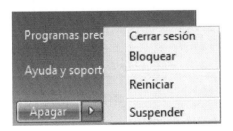

- Si desea reiniciar el equipo porque, por ejemplo, se le quedó "colgado", haga clic en **Reiniciar** y el equipo se apagará e inmediata y automáticamente volverá a iniciarse.

- Si lo que quiere es cerrar la sesión para que el equipo quede en suspenso hasta que usted vuelva haga clic en **Cerrar sesión**. Cuando regrese tendrá que volver a pulsar el botón de inicio de sesión y accederá de nuevo al punto donde lo dejó.

4. Si su ordenador no es portátil y, por tanto, dispone de monitor, apague también el botón de la pantalla para que quede totalmente desconectado.

Nota importante: no apague nunca su ordenador sin seguir los pasos indicados. Asegúrese que está totalmente desconectado antes de salir de su lugar de ubicación y procure no dejarlo demasiado tiempo suspendido pues, aunque pueda parecer lo contrario, el equipo está consumiendo energía y podrá notarlo en su factura eléctrica.

Capítulo 2

SISTEMA OPERATIVO: WINDOWS 7

El sistema operativo Windows 7 es una de las versiones más recientes de Microsoft con la que podrá trabajar en su PC, portátil, *netbook*, etc. Windows 7 se encarga de la carga e inicio de los programas que haya instalado en su ordenador, además de realizar otras tareas básicas para el trabajo habitual que realice en su ordenador, como la organización de sus archivos.

2.1 ESCRITORIO

El escritorio es la pantalla que aparece al encender el ordenador y cuyos elementos se describen en los siguientes epígrafes:

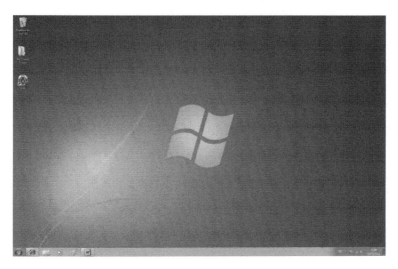

2.1.1 Iconos

Son imágenes que representan a un programa, archivo, carpeta o cualquier otro elemento que contenga su ordenador.

Para acceder al contenido de un icono puede elegir entre las siguientes opciones:

- Situarse con el ratón sobre el icono y hacer un doble clic rápidamente con el botón izquierdo.

- Situarse con el ratón sobre el icono y hacer un clic con el botón derecho hasta que aparezca un menú contextual en el que deberá marcar la opción **Abrir**, tal como se indica en la siguiente imagen:

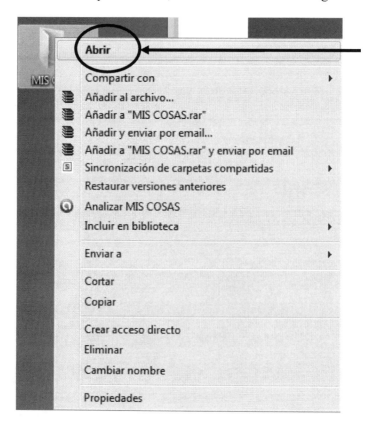

2.1.2 Menú Inicio

El menú **Inicio** le dará paso a todos los programas, carpetas, archivos, etc., de su ordenador. Entre sus principales acciones están las siguientes:

- Instalar programas y dispositivos.

- Iniciar programas instalados.

- Abrir y crear carpetas.

- Buscar archivos y carpetas.

- Organizar archivos y carpetas

- Ajustar la configuración de su ordenador.

- Apagar el equipo.

2.1.2.1 ACCEDER AL MENÚ DE INICIO

Tal como se explicó en el capítulo anterior para abrir el menú **Inicio** haga clic en el botón **Inicio** que aparece en la parte inferior izquierda de su escritorio. Desde esté menú accederá al menú **Inicio**, que consta de tres partes:

1. **Panel izquierdo**: muestra una lista reducida de los programas instalados en el equipo, generalmente de los que habitualmente utiliza.

Desde este panel también podrá acceder al resto de programas instalados en su ordenador haciendo clic en la opción **Todos los programas**, señalada en la figura anterior, y cuyo contenido puede visualizar en la siguiente figura:

Podrá volver a la pantalla anterior del menú **Inicio** haciendo un clic en el botón **Atrás**, como muestra la imagen.

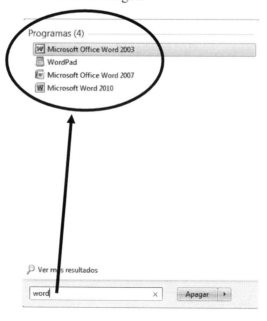

En este panel derecho, que puede visualizar en la imagen anterior, también aparece el cuadro de búsqueda que le permitirá buscar programas, carpetas o archivos que se encuentren en su ordenador y a los que desee llegar de una forma fácil y rápida. Para ello escriba el término que desee buscar y Windows 7 irá mostrando resultados coincidentes con cada letra que escriba, tal como muestra imagen para la palabra Word.

2. **Panel derecho**: permite acceder a los programas, carpetas, archivos u otras opciones que le proporciona Windows 7.

Si se sitúa en uno de los programas que aparecen en el panel izquierdo del menú, el panel derecho le mostrará las carpetas o archivos usados recientemente con dicho programa, como puede visualizar en la imagen que vemos a continuación.

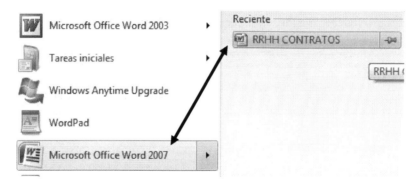

Este panel derecho también incluye el botón de **Apagar** visto en el capítulo anterior.

2.1.2.2 ABRIR PROGRAMAS DESDE EL MENÚ INICIO

El uso más habitual que hará del menú **Inicio** será el de abrir los programas que tiene instalados en su ordenador. Cuando desee abrir un programa mostrado en el menú **Inicio** siga los pasos que se le indican:

1. Haga clic en el botón **Inicio** y compruebe si el programa que desea abrir se encuentra visible en el menú **Inicio**. En caso contrario acceda a la opción **Todos los programas**, tal como se indicó en el epígrafe anterior.

2. Para abrir uno de los programas que se muestran en el menú **Inicio** o que aparece en la lista de **Todos los programas** haga clic sobre él.

3. Inmediatamente aparecerá el programa seleccionado y desaparecerá el menú **Inicio**.

Si en lugar de un programa lo que intenta abrir es una carpeta de las que aparecen en el menú **Inicio** siga el mismo procedimiento aunque, en este caso, al hacer clic sobre ella aparecerán otros programas o carpetas, tal como muestra la imagen anterior con la carpeta **Accesorios**, que muestra su contenido.

Windows 7 incorpora la ventaja de poder comprobar lo que hace un programa cuando desconozca su función. Para ello sitúe el puntero del ratón sobre él, sin hacer clic, y aparecerá una pequeña y breve descripción del mismo, como muestra la imagen para el programa **Paint**, contenido dentro de la carpeta **Accesorios**.

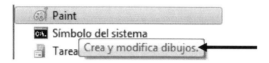

2.2 VENTANAS

Las ventanas a las que debe su nombre el sistema operativo **Windows** son uno de los elementos más importantes del mismo, ya que es la forma de mostrar la información contenida en su ordenador a través de la pantalla.

Las ventanas son áreas rectangulares susceptibles de organizar en la pantalla, así como de modificar tanto en tamaño como en posición dentro de la misma. La siguiente imagen muestra el escritorio de un ordenador en el que se encuentran superpuestas dos ventanas: Excel y Calculadora.

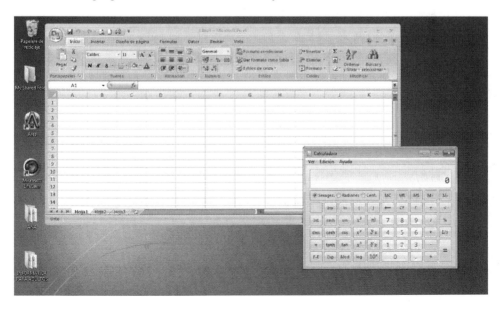

2.2.1 Estructura de una ventana

Una vez abiertas, todas las ventanas disponen de la misma estructura que detallamos a continuación:

- **Título de la ventana**: se sitúa en la parte superior izquierda o central de la ventana e indica el nombre de la ventana, ya sea programa, documento, aplicación, etc. Compruebe en la imagen anterior el título de la ventana de **Excel** y el título de la ventana **Calculadora**.

- **Botones Maximizar y Minimizar**: se sitúan en la parte superior derecha de todas las ventanas y su utilidad es la siguiente:

  El primero de ellos es **Minimizar** , cuya función es no mostrar en pantalla el programa que tenga abierto, pero dejarlo activo en la **Barra de tareas**. Puede volver a activar la ventana cuando lo desee haciendo clic en el programa desactivado en la **Barra de tareas**.

  El botón **Maximizar** le permitirá expandir la ventana hasta el borde del escritorio, es decir, la visualizará completa. También puede realizar esta operación haciendo un doble clic con el ratón sobre el título de la ventana.

  El botón **Restaurar** , que aparece solo cuando previamente haya utilizado el botón anterior. Sirve para devolver el tamaño original a la ventana en el caso de que haya efectuado modificaciones sobre ella, como veremos a continuación.

  El botón **Cerrar** sirve para cerrar la ventana en la que se encuentre.

2.2.2 Desplazar y modificar ventanas

Ahora que ya conoce la estructura de una ventana es preciso que sepa que usted podrá colocarlas en el lugar que desee de su pantalla, con el fin de trabajar de la forma más cómoda. Estos desplazamientos podrá hacerlos de forma manual siguiendo las instrucciones que a continuación se indican:

1. Abra el programa o aplicación que desee. Para el ejemplo abriremos el programa **Paint**, situado dentro de **Accesorios**, en la opción **Todos los programas** del botón **Inicio**.

2. Posteriormente, abra también la aplicación **Calculadora**, situada en el mismo lugar que **Paint**. Ahora tendrá una imagen similar a la que muestra la siguiente imagen en su pantalla.

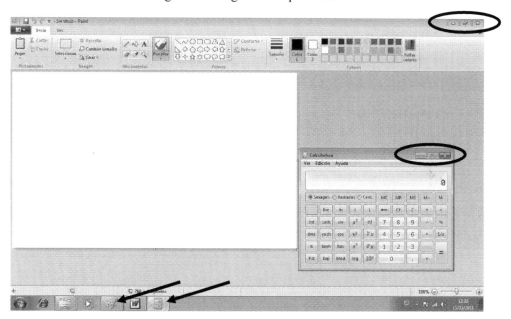

Compruebe que efectivamente son dos ventanas distintas las que tiene, tal como se muestran señaladas en la imagen. Compruebe también, indicados con flechas en la imagen anterior, que dispone de los dos programas abiertos en la **Barra de tareas**.

3. Para desplazar la ventana sitúese con el ratón en cualquier punto sobre la **Barra de título** y arrástrelo[1] sin soltarlo hasta que esté colocado en lugar que desee. En ese momento suelte el ratón y habrá desplazado la ventana tal como se realizó con las ventanas de la pantalla anterior.

---

[1] Se denomina *Arrastrar* a la acción de desplazar el ratón sin dejar de pulsar el botón izquierdo mientras dura la acción.

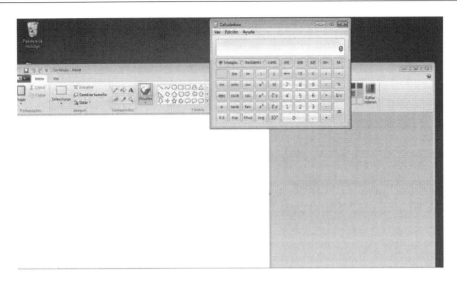

4. De la misma forma que desplaza las ventanas también podrá modificar su tamaño. Para ello sitúese en cualquiera de los bordes de la ventana (izquierdo, derecho, arriba o abajo) y cuando el puntero del ratón se convierta en una flecha de dos puntas, arrástrelo sin soltarlo hasta alcanzar el tamaño deseado.

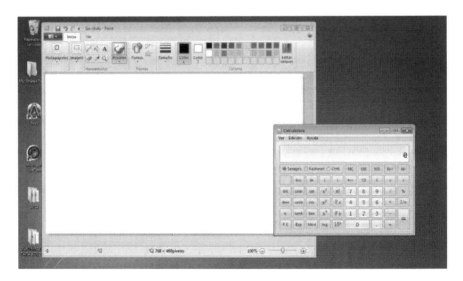

En el ejemplo de la imagen anterior puede comprobar que la ventana de **Paint** se ha reducido para poder visualizarla en la misma pantalla del escritorio junto a la **Calculadora**. De esta manera puede ajustar todas las ventanas para poder visualizar varias a la vez y facilitar así su trabajo.

Nota importante: puede ocurrir que algunas ventanas no le permitan modificación puesto que tienen tamaño estándar. Es el caso de la ventana **Calculadora**, en la que puede usted mismo puede comprobar que puede desplazarla por la pantalla pero no modificar su tamaño.

5. Recuerde que puede devolver las ventanas a su tamaño original haciendo clic en el botón **Restaurar**.

2.2.3 Visualización de ventanas

Windows 7 incorpora la posibilidad de visualizar las ventanas con varios estilos o formar desde la **Barra de Tareas**, situada en la parte inferior de su pantalla y mostrada en la siguiente figura:

Esta barra le permitirá visualizar las ventanas haciendo clic con el botón derecho del ratón en cualquier punto de la barra sin contenido hasta que aparezca el menú de la figura posterior.

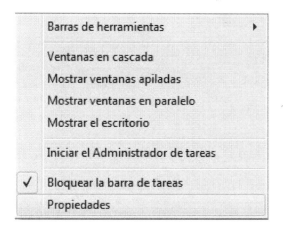

Una vez que visualice el menú podrá elegir cualquiera de ellas haciendo clic con el botón izquierdo del ratón sobre la opción deseada. O si lo prefiere puede visualizar su escritorio haciendo clic sobre el botón **Mostrar escritorio**.

Los tres estilos con los que podrá ver las ventanas son:

- **En cascada**: Windows ordena las ventanas en cascada de forma que estén todas accesibles a la vez haciendo clic en la opción **Ventanas en** cascada, tal como se visualizan en la imagen siguiente:

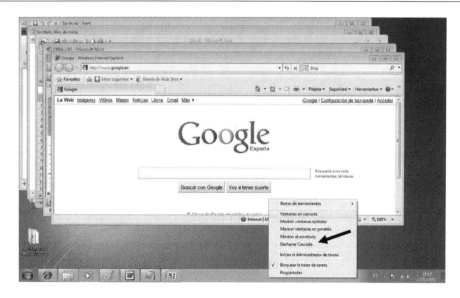

- **Apiladas**: Windows ordena las ventanas en forma de parrilla de modo que están todas accesibles pero a un tamaño inferior haciendo clic en el botón **Mostrar ventanas apiladas**, que se muestran en la siguiente imagen:

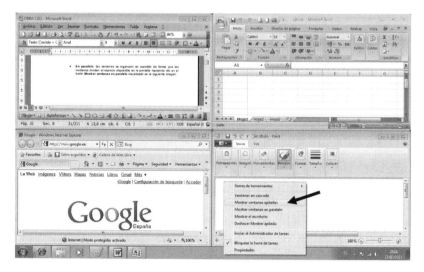

- **En paralelo**: las ventanas se organizan en paralelo de forma que las ventanas dividen el espacio disponible en la pantalla haciendo clic en el botón **Mostrar ventanas en paralelo**, visualizado en la siguiente imagen:

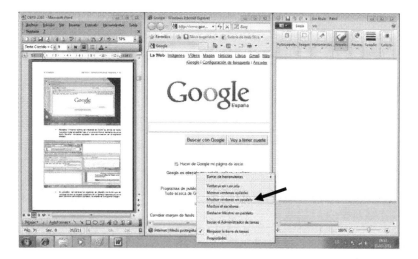

2.3 LA BARRA DE TAREAS

Además de permitirle organizar sus ventanas para que su uso le resulte más práctico, desde la **Barra de herramientas** podrá acceder a cualquier programa, aplicación o carpeta que tenga abierta haciendo clic sobre él desde la propia barra.

En el caso de que tenga varias ventanas abiertas dentro del mismo programa Windows le mostrará un menú como el que se reproduce en la siguiente imagen para Internet Explorer:

Desde ese menú podrá elegir rápidamente la ventana activa (en este caso página web) a la que desea acceder, solo haciendo clic sobre ella. De la misma forma sucedería si fuera cualquier otro programa o aplicación.

Nota importante: si dispone de Windows 7 en alguna de las ediciones **Home Premium, Professional, Ultimate** o **Enterprise** puede visualizar una vista previa de las ventanas activas haciendo clic en algún programa. Pase el ratón sobre las vistas en miniatura y podrá ver ampliada la ventana por la que está pasando. Si desea abrir completamente alguna haga clic sobre ella. Las imágenes posteriores muestran una visualización de este tipo de vistas previas del navegador Internet Explorer y del programa Microsoft Word.

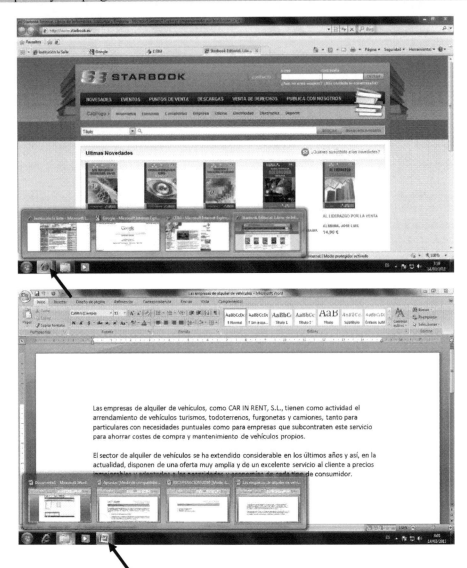

2.4 EJERCICIO PRÁCTICO

Para mejor comprensión de los epígrafes referentes a los elementos básicos de Windows 7, siga las instrucciones que se le indican a continuación:

1. Encienda su ordenador.

2. Sitúese en un **Icono** de su **Escritorio** y ábralo haciendo doble clic sobre él.

3. Cierre la ventana correspondiente a ese **Icono**.

4. Haga clic en el botón **Inicio** y busque en **Todos los programas** la carpeta **Microsoft Office**. Sitúese sobre ella hasta que visualice los programas que contiene.

5. Salga del botón **Inicio**.

6. En **Todos los programas** sitúese en **Accesorios** y abra la aplicación **Bloc de notas**.

7. Desplace la ventana abierta y sitúela en cualquier otra zona de su pantalla.

8. Modifique el tamaño de la ventana abierta a su gusto.

9. De nuevo sitúese en el botón de **Inicio** y abra la ventana de **Internet Explorer**.

10. Haga clic en el botón **Restaurar** de dicha ventana, modifique su tamaño y sitúela en cualquier punto de su pantalla de forma que pueda visualizarla junto al bloc de notas.

11. Haga clic con el botón derecho en la **Barra de tareas** y seleccione la opción **Mostrar ventanas en paralelo**.

12. Cierre la ventana **Bloc de notas**.

13. Haga clic en el botón **Maximizar** de la ventana **Internet Explorer**.

14. Cierre la ventana **Internet Explorer**.

15. De nuevo desde el botón de inicio haga clic en **Todos los programas** y, seguidamente, en **Juegos**.

16. Abra el programa **Corazones** y, posteriormente, haga clic en el botón **Minimizar**.

17. Cierre la ventana del juego **Corazones**.

2.5 EXPLORADOR DE WINDOWS 7

El **Explorador de Windows** es uno de los elementos más fundamentales para trabajar con el sistema operativo, ya que permite gestionar y tener acceso a todos los archivos, carpetas, programas, etc., almacenados en el ordenador, proporcionando un orden lógico que hará más fácil la labor de localización por parte del usuario.

Para utilizar el **Explorador de Windows** siga los pasos que se indican a continuación:

1. Haga clic el botón de **Inicio** y, seguidamente, haga clic en el botón **Equipo**.

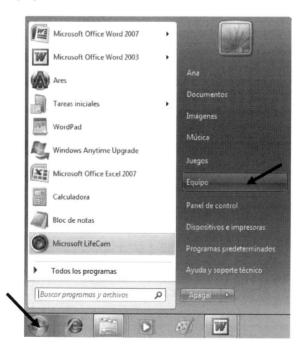

2. Ahora visualizará una pantalla con dos paneles:

- **Panel izquierdo**: muestra el acceso a diferentes lugares del equipo: Favoritos, Escritorio, Bibliotecas, Equipo y Red, entre otros.

- **Panel derecho**: se encuentra el contenido de los accesos situados en el panel izquierdo.

El funcionamiento de los paneles es muy sencillo. Sitúese en cualquiera de los elementos del panel izquierdo haciendo clic sobre él. En ese momento el panel derecho cambiará y podrá ver el contenido de dicho elemento. Por ejemplo, la imagen posterior muestra el contenido del elemento **Escritorio** una vez que se ha hecho clic sobre él.

2.5.1 Equipo

Volvamos al elemento **Equipo** del **Explorador de Windows**. **Equipo** le mostrará todas las unidades de disco de las cuales dispone en su ordenador, tanto si son internas como externas. Es decir, le mostrará el contenido de su disco duro y de sus discos extraíbles como CD, DVD, *pendrive*, etc.

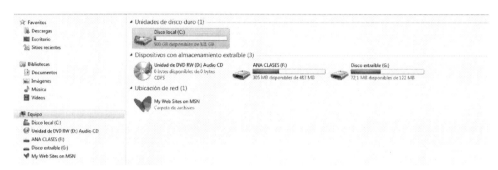

La imagen anterior muestra el contenido de un equipo compuesto por el disco duro **Disco local (C:)**, una unidad extraíble de **DVD (D:) Audio CD** y dos unidades extraíbles de *pendrive* **(F:)** y **(G:).**

Si desea visualizar el contenido de alguna de ellas, solo tiene que hacer un doble clic sobre su icono. Por ejemplo, si hacemos clic en la unidad de DVD se visualizará el reproductor multimedia[2] con la ventana superpuesta a la ventana del explorador, tal como muestra la siguiente figura:

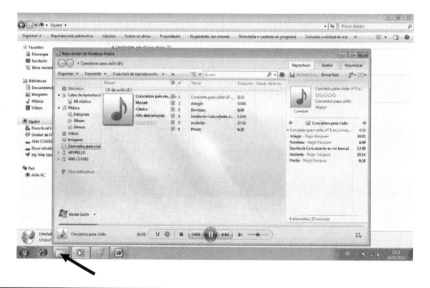

---

[2] Ver capítulo 6 (Multimedia) de este libro.

2.5.2 Carpetas

Las carpetas de Windows son unidades de almacenamiento de archivos, documentos, etc., que le facilitarán la tarea de organizar su ordenador.

Las carpetas se visualizan en el explorador con la forma de una carpeta. Por esta razón el icono que aparece en la **Barra de tareas** para visualizar las

carpetas o programas que mantiene activos es ![icono], señalado en la imagen anterior.

El **Explorador de Windows** muestra la estructura de carpetas contenida en su ordenador en forma de árbol, lo que significa que dentro de cada carpeta pueden existir a su vez otras subcarpetas o bien encontrarse ya directamente archivos, imágenes, documentos, etc. En la siguiente imagen puede distinguir fácilmente la estructura de árbol que sigue el **Explorador de Windows** en cuanto a las carpetas.

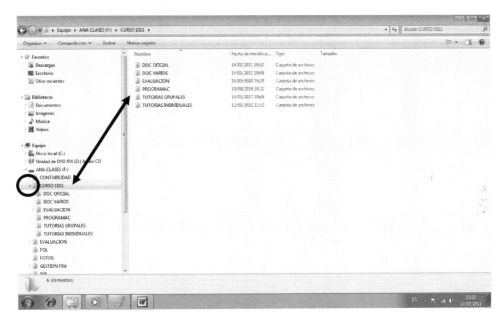

Observe esta estructura. Una vez que se haya situado en una carpeta se abrirá su contenido tanto en el panel derecho como en el izquierdo, en la parte inferior de la carpeta abierta. Esto sucede porque dicha carpeta contiene otros elementos o subcarpetas.

Para saber si una carpeta contiene a su vez otras y poder visualizarlas, es preciso que observe el triángulo lateral, señalado en la imagen con un círculo. Si la carpeta tiene el triángulo significa que tiene contenido, en cuyo caso podrá verlo haciendo clic sobre él. Si una vez abierto no desea visualizarlo, vuelva a hacer clic sobre él.

Compruebe en la figura anterior que el triángulo se ha desactivado y, por tanto, no se visualiza el contenido de la carpeta señalada.

Nota importante: cuando el triángulo está desactivado aparece con el símbolo y cuando se activa para mostrar las carpetas el símbolo cambia a este otro.

2.5.2.1 ABRIR Y CERRAR CARPETAS

Para abrir una carpeta sencillamente colóquese sobre ella y cuando cambie de color, como muestra la figura posterior, haga un doble clic con el botón izquierdo del ratón.

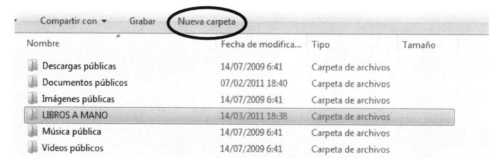

Para cerrar una carpeta, de la misma forma que cualquier otra ventana haga clic en el botón ▓▓ **Cerrar**.

2.5.2.2 CREAR CARPETAS

Como se ha explicado anteriormente, el **Explorador de Windows** es un sistema de organización de carpetas en forma de árbol, lo que significa que pueden existir carpetas dentro carpetas.

Para crear una carpeta dentro de otra debe situarse en la primera y, seguidamente, hacer clic en el botón **Nueva carpeta**, marcado con un círculo en la imagen superior. Aparecerá una nueva carpeta en la que el nombre estará seleccionado para que pueda indicarle el que usted desee.

Ahora ponga el nuevo nombre a la carpeta, como se visualiza en la siguiente imagen, y pulse la tecla **Intro**.

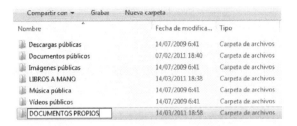

2.5.2.3 BORRAR CARPETAS

Para borrar una carpeta sitúese sobre ella y, una vez seleccionada (cuando cambia de color), haga clic en la tecla **Supr** del teclado.

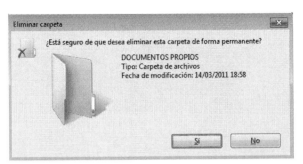

Una nueva ventana, como la que muestra la imagen anterior, le indicará si está seguro de que desea borrar la carpeta y todo su contenido. Haga clic en **Sí** si desea eliminarla y en **No** si, por el contrario, desea mantenerla.

2.5.2.4 COPIAR Y MOVER CARPETAS

Si se le presenta la necesidad de copiar el contenido de una carpeta para moverla a otro dispositivo, por ejemplo, para pasar de su disco duro a un *pendrive*, podrá realizar esta operación de dos formas distintas:

- **Copiar carpetas:** para copiar una carpeta selecciónela (colóquese sobre ella sin pulsar el ratón) y haga clic en el botón **Organizar** del **Explorador de Windows**. Posteriormente, haga clic en **Copiar**, tal como indica la imagen para la carpeta DOCUMENTOS PROPIOS.

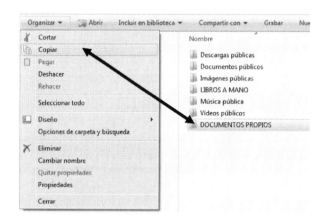

A continuación, sitúese en el lugar en el que quedará copiada la carpeta y haga clic en el botón **Pegar**, situado igualmente en la opción **Organizar** del **Explorador de Windows**.

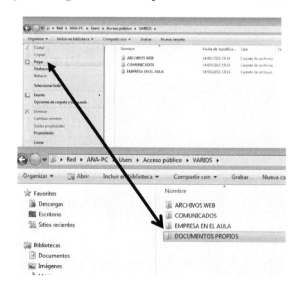

En la imagen anterior la carpeta DOCUMENTOS PROPIOS se pegará en la carpeta VARIOS, tal como se visualiza en las siguientes imágenes.

Tenga en cuenta que cada vez que realiza una copia de carpetas la información queda duplicada, es decir, permanecerá en el mismo sitio en el que estaba y, además, quedará almacenada en el sitio en el que la copió.

Nota importante: el botón **Pegar** solo se activará una vez que previamente haya realizado una copia. En caso contrario aparecerá desactivado.

- **Mover carpetas:** para mover una carpeta selecciónela y, posteriormente, arrastre el ratón sin soltarlo hasta el lugar en el que desea colocarla, tal y como muestra la imagen posterior.

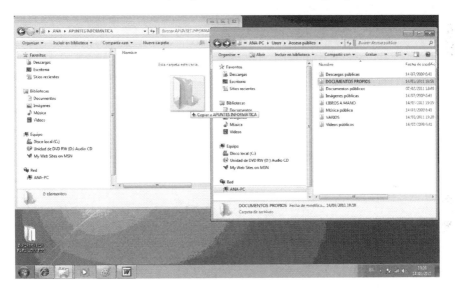

Cuando alcance la carpeta en la que desea depositar la seleccionada suelte el ratón y quedará almacenada de forma inmediata.

Esta operación, también llamada **Cortar**, podrá realizarla desde el botón **Organizar** del **Explorador de Windows**.

2.5.2.5 CAMBIAR EL NOMBRE A LAS CARPETAS

Para cambiar el nombre de una carpeta selecciónela y haga clic en el botón **Organizar** y, dentro de éste, en la opción **Cambiar nombre**.

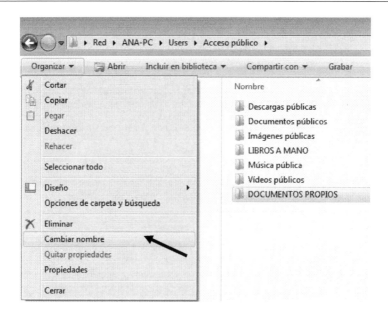

El nombre de la carpeta cambiará de color y quedará en activo para que ponga el nombre nuevo. Una vez cambiado pulse la tecla **Intro**.

2.5.3 Archivos

Los archivos de Windows son unidades que contienen información creada en alguno de los programas o aplicaciones que tenga instalados en su ordenador, visualizándose en el explorador con la forma del icono correspondiente al programa o aplicación del que partan.

La siguiente imagen muestra la carpeta VARIOS, en la que aparecen archivos de diversos programas como, por ejemplo, **Word**, **Acrobat PDF**, **Imagen JPG**, **Excel**, etc.

Podrá aprender cómo se guardan los archivos en los capítulos siguientes, correspondientes a diversos programas. El resto de funcionalidades, *Abrir*, *Cerrar*, *Copiar*, etc., operan de la misma forma que las carpetas, por lo que lo explicado en epígrafes anteriores es perfectamente aplicable a los archivos.

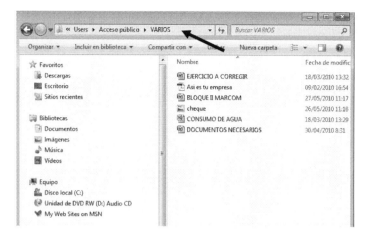

Nota importante: puede ver la ubicación en la que se encuentra revisando sus carpetas o archivos dentro del **Explorador de Windows**, observando la barra superior de dicho explorador, que puede visualizar señalada en la imagen superior.

2.6 EJERCICIO PRÁCTICO

Para mejor comprensión de los epígrafes referentes a las carpetas y archivos en Windows 7, siga las instrucciones que se le indican a continuación:

1. Haga clic en el botón **Inicio** y, posteriormente, abra el **Explorador de Windows** haciendo clic en **Equipo**.

2. Seleccione el elemento **Escritorio** para visualizar el contenido del mismo en el **Explorador**.

3. Posteriormente, cree en el **Escritorio** una carpeta y póngale el nombre INFORMATICA.

4. Abra esa carpeta y dentro de ella cree otras tres: INTERNET, WORD y EXCEL.

5. Copie la carpeta INTERNET y péguela en la misma carpeta en la que se encuentra.

6. Cambie el nombre de la carpeta copiada y escriba MULTIMEDIA.

7. Borre la carpeta INTERNET.

8. Cierre la ventana del **Explorador de Windows**.

Capítulo 3

INTERNET Y LAS NUEVAS TECNOLOGÍAS

Son muchas las nuevas tecnologías que se están implantando continuamente, y a pasos agigantados, en las áreas de la informática y las telecomunicaciones, pero es evidente que si hay una de ellas que ha entrado de lleno en todos los hogares, esa es Internet.

Internet es la **Red** informática que conecta los ordenadores de todo el mundo y que permite compartir información a todos los que forman parte de ella a través de una simple conexión telefónica.

3.1 TERMINOLOGÍA DE INTERNET

Sin la pretensión de que usted conozca los intríngulis de la **Red**, sino más bien su utilidad como usuario de la misma, a continuación haremos una breve descripción de los términos que más habitualmente escuchará y pronunciará una vez que se haya introducido en este "mundillo".

3.1.1 Web

Es un conjunto de páginas enlazadas por hipervínculos[3] que dan lugar a los llamados **Sitios Web** o **Websites**.

---

[3] Los hipervínculos son textos, imágenes o cualquier otro recurso, capaces de enlazar unas páginas web con otras, bien dentro del mismo sitio web o bien hacia otros distintos.

Aunque popularmente se les conoce como **páginas web**, la realidad es que la mayoría de las **webs** están formadas por varias páginas entrelazadas que contienen información sobre los servicios de una empresa o institución, formando el espacio virtual de la misma y cuyo nombre "oficial" es **Sitio Web**, como el que muestra la siguiente figura:

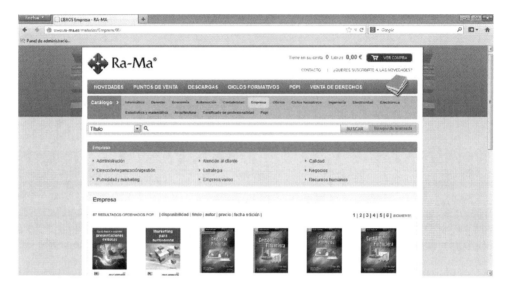

3.1.2 Dominio

Un dominio es el nombre con el que los usuarios de la **Red** identifican un **Sitio Web** en **Internet**, por ejemplo *www.starbook.es*. Todos los dominios constan de tres partes, claramente diferenciadas:

- **WWW**: son las siglas de *World Wide Web*.

- **Nombre del dominio**: es el nombre de la empresa, institución, marca, etc.

- **Dominio primer nivel**: es la extensión de letras que coloca detrás del nombre. Puede ser *com*, *es*, *net*, etc.

Nota importante: entre las tres partes que forman un dominio no pueden existir espacios en blanco, lo que significa que debe escribir todo el dominio seguido (incluidos los puntos) sin pulsar en ningún momento la barra espaciadora.

Los dominios son únicos, lo que significa que no pueden existir dos iguales. Se pueden adquirir por una módica cuota anual en empresas dedicadas a prestar servicios de **Internet**, como *www.arsys.es* que aparece en la siguiente figura.

Tal y como se señala en dicha figura, estas empresas ofrecen la posibilidad de comprobar si un dominio está ya adquirido y si no es así comprarlo directamente a través de la propia **web**.

3.1.3 URL

Es la dirección de **Internet** completa que aparece en la parte superior de la página **web** que esté usted visitando y cuya misión será la de localizar o identificar recursos de **Internet**.

Consta de dos partes, una que identifica el protocolo[4] y otra con el nombre del dominio, separados ambos por dos puntos y barras dobles. Por ejemplo, las que se visualizan en las siguientes figuras: *http://www.rama.es*; *http://www.google.es*.

---

[4] Un protocolo es un código que se encarga de facilitar la comunicación entre emisor y receptor en las comunicaciones informáticas.

3.1.4 ADSL

Es una nueva tecnología de conexión a **Internet** suministrada por las compañías telefónicas para permitirle acceder a la **Red** con una alta velocidad de transmisión de datos; lo que comúnmente se conoce como *banda ancha*.

3.1.5 Fibra óptica

En la actualidad las compañías telefónicas ofrecen servicios de **Internet** a velocidad aún mayor que la permite el **ADSL**. Es la llamada *fibra óptica*, que puede alcanzar hasta los 100 Mbps[5] de velocidad frente a los aproximados 10 Mbps de la que soporta el **ADSL**.

Además de la velocidad de transmisión de datos, la fibra óptica presenta otra serie de ventajas respecto a las tecnologías anteriores que se centran principalmente en:

- **Magnífica capacidad de transmisión**, debido a que la señal es inmune a interferencias externas.

- **Mayor seguridad en la transmisión de datos**, especialmente en aplicaciones que requieran un alto nivel de confidencialidad.

---

5 Mb es la abreviatura de Megabytes utilizado en informática para indicar el espacio de almacenamiento informático. El "megabyte" es un múltiplo del byte y equivale a 106 bytes.

3.1.6 *E-mail*

Es la herramienta que permite el envío y recepción de mensajes a través de **Internet** en un corto espacio de tiempo de transmisión y con la posibilidad de releerlos, guardarlos, imprimirlos, reenviarlos a otros destinatarios, etc.

El conocido *e-mail* es, por tanto, una dirección de correo electrónico formada por el nombre que identifica al usuario, así como el dominio de la empresa que presta el servicio de **Internet**, separados ambos por la letra @. Por ejemplo, *anacruz.autora@gmail.com*.

En siguientes epígrafes de este mismo capítulo podrá conocer con detalle el funcionamiento del correo electrónico.

3.1.7 *Newsletters*

Son correos electrónicos de carácter comercial, enviados por empresas u otras organizaciones a una lista de usuarios que, previamente y de alguna u otra manera, han dado su permiso para recibir periódicamente información sobre sus productos, servicios o actividades. La siguiente imagen muestra una *newsletter* recibida en un gestor de correo electrónico con fines publicitarios.

3.1.8 Blogs

Son conversaciones interactivas que se producen cuando los usuarios del mismo dan respuesta a los comentarios realizados por alguno de ellos.

Wikipedia define **blog** como "sitio web en el que uno o varios autores publican cronológicamente textos o artículos, apareciendo primero el más reciente, donde el autor conserva siempre la libertad de dejar publicado lo que crea pertinente y donde suele ser habitual que los propios lectores participen activamente a través de sus comentarios".

Los **blogs** pueden ser creados de forma muy sencilla por cualquier internauta, aunque no obstante la forma más habitual de utilización es la de participar en alguno de los que otros "blogueros" crearon, puesto que existen multitud de ellos y de muy diferentes temas.

En la actualidad las plataformas más habituales para crear blogs son **Wordpress** y **Blogger** (perteneciente a Google). Cualquiera de ellas puede ser de su utilidad para crear su propio blog personal o bien su blog temático o profesional si desea utilizarlo como medio para dar a conocer alguna temática de su interés o su propio negocio.

La siguiente figura muestra un blog realizado con la tecnología **Blogger**.

3.1.9 Chat

Al igual que los **blogs** también son conversaciones interactivas entre usuarios pero, en este caso, se trata de conversaciones en tiempo real que se producen entre varios internautas que se encuentran conectados a la **Red Internet** en el mismo momento.

Existen numerosos servicios de **chat** suministrados por diferentes **webs**, entre ellos los de los gestores que proporcionan el correo electrónico, como gmail de Google, Messenger de Hotmail, etc. Así mismo, existe también la posibilidad de "chatear" con programas audiovisuales, como por ejemplo **Skype**.

Actualmente los **chats** también se utilizan como medio de atención al cliente para aquellas empresas que tienen venta *on line*, utilizando esta tecnología para comunicarse en tiempo real con los clientes y así poder atender de manera personal sus dudas, necesidades, opiniones, etc.

Son muchas las empresas que ya incluyen en su sitio web este servicio de chat que les posibilita acercarse a sus clientes; en la siguiente imagen se visualiza en la parte inferior derecha un chat de atención al usuario en una web de alimentación.

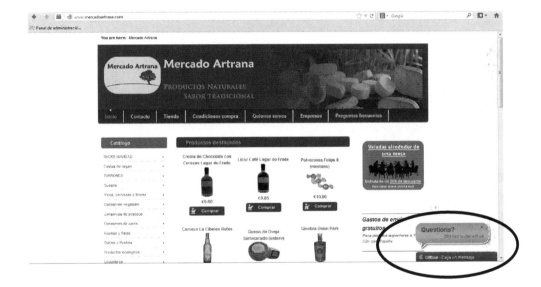

3.1.10 Foros

Son otra herramienta *on line* que permite a los usuarios de **Internet** compartir información u opiniones sobre temas que pueden ser de su interés y que suelen surgir de manera espontánea por parte de los internautas. Los **foros** suelen aparecer ordenados por categorías para que al usuario le resulte fácil encontrar uno de su interés y pueda participar en él de una forma fácil y cómoda.

La imagen anterior muestra una **web** dedicada íntegramente a **foros** de psicología, en los que se podría participar realizando un sencillo registro, señalado en la imagen con un círculo, o creando una charla, en el caso de estar previamente registrado.

3.1.11 Redes sociales

Son en la actualidad la opción más utilizada en cuanto a medios de comunicación *on line* se refiere. Principalmente, la población joven utiliza este medio como una forma de comunicarse con amigos (reales o virtuales, presentes o pasados) y mantener con ello una red de contactos numerosa y continuamente actualizada.

Las **redes sociales** son comunidades o asociaciones de personas que comparten conversaciones compuestas de comentarios junto con información personal, fotografías, vídeos, etc., sobre temas de interés común.

Su uso está muy generalizado no solo como comunidades de amigos, sino también como comunidades profesionales, denominadas **Networking**, utilizadas para acceder a contactos de trabajo que ayuden al desarrollo profesional del internauta.

Las redes sociales más utilizadas actualmente son **Facebook**, **Twitter**, **Pinterest** (para imágenes y vídeos), **Google+**, **LinkedIn** (para profesionales y negocios), **YouTube** (para vídeos), **Myspace**, **hi5**, etc.

Además, actualmente las redes sociales tienen una función publicitaria y de marketing importantísima, utililizandose por multitud de empresas para dar a conocer su marca, así como sus productos o servicios, tal como muestra la siguiente imagen:

3.2 NAVEGACIÓN Y NAVEGADORES

En el "mundillo" de **Internet** se denomina *navegación* a la tarea de investigar, indagar, buscar, averiguar, etc., entre las diferentes **webs** que se encuentran en la **Red Internet**. Como consecuencia, se denomina *navegador* a la aplicación informática que permite a los internautas moverse por dichas páginas.

Aunque existen numerosos navegadores suministrados por grandes compañías informáticas, como **Internet Explorer**, **Mozilla Firefox**, **Chrome**, **Opera**, **Safari**, etc., de momento la primacía en utilización la tiene el primero con más de un 50% de usuarios. Le sigue Mozilla Firefox con casi un 20% de usuarios y justo detrás se encuentra Chrome, el navegador de Google, que ha tenido un retroceso situándose en torno al 18% de los usuarios.

Debido a su importancia, utilizaremos la última versión de **Internet Explorer 10** para realizar las explicaciones de este epígrafe, ya que es habitual que se incluya por defecto con la instalación de **Windows**.

En cualquier caso si usted desea utilizar cualquier otro o actualizar el que tenga instalado, podrá hacerlo a través de las descargas gratuitas que aparecen en distintas **webs** que se encuentran en la **Red Internet**.

3.3 NAVEGAR CON INTERNET EXPLORER 10

Para entrar en Internet Explorer dispone de varias opciones:

- Hacer clic sobre el botón  situado en la **Barra de tareas**.

- Hacer doble clic sobre el mismo botón si lo tuviera situado en su escritorio de Windows 7.

- Hacer clic sobre el mismo botón, que se encuentra situado en la opción **Todos los programas** del botón de **Inicio**.

En cualquier caso, accederá a la pantalla del navegador que visualizará de la misma forma que se muestra en la siguiente imagen:

Cuando se disponga a navegar en Internet lo primero que debe saber es si conoce la dirección de la página web a la que desea acceder o, por el contrario, es preciso buscarla. El proceso en ambos casos es diferente, por lo que se detalla en los siguientes epígrafes.

3.3.1 Entrar en una página conocida de Internet

Cuando desee abrir una página web de la que conozca previamente la dirección[6] no será necesario que teclee su nombre en el buscador, ya que podrá escribirla directamente en la barra de direcciones y la página se abrirá de inmediato.

Por ejemplo, si usted quisiera entrar en la página de RENFE y supiera de memoria que su dirección completa es *www.renfe.com* solo tendría que seguir los pasos que se indican:

1. Haga clic en la barra de direcciones.

2. Borre el contenido con la tecla **Supr** del teclado.

3. Escriba el nombre de la página web.

4. Pulse la tecla **Intro** para que se cargue la página.

La siguiente imagen muestra el resultado de este proceso, señalando el lugar en el que debe escribir la dirección completa de la página web en la que quiera navegar. No es necesario que escriba toda la URL del sitio web (*http://www.renfe.com*), es suficiente con escribir solo el dominio: *www.renfe.com*.

---

[6] Ver definición de *dominio* y *URL* en epígrafes anteriores de este capítulo.

3.3.2 Buscar en Internet una página desconocida

En muchas ocasiones no conocerá con exactitud la dirección completa de una página web por la que desea navegar. En este caso, deberá acudir a algún buscador para localizarla.

Los buscadores son páginas web dedicadas a realizar búsquedas de otras páginas de Internet existentes en la Red. Si bien existen multitud de buscadores en el mercado, sin duda el más conocido y utilizado de todos es **Google**.

Por ello, vamos a centrar la explicación de las búsquedas en Internet en éste, especificando que su uso es extensible a otros como pueden ser **Yahoo**, **Msn**, **Bing**, el navegador de Microsoft mostrado en la siguiente imagen:

El funcionamiento de un buscador es muy sencillo. Solo tiene que introducir en la casilla destinada al efecto una o varias palabras clave, que guarden relación con lo que está buscando y el buscador le mostrará una lista de resultados que se corresponderán con páginas web relacionadas con las palabras indicadas.

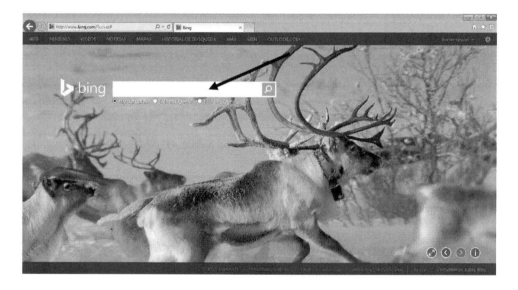

Los pasos para realizar una búsqueda son los siguientes:

1. Acceda al buscador de la forma que se indicó en el epígrafe anterior, es decir, teclee su dirección en la barra y pulse **Intro**.

Nota importante: al tiempo que vaya escribiendo, la misma barra le irá mostrando textos coincidentes con lo que usted escribió, por lo que puede utilizar esas sugerencias haciendo clic sobre ellas antes de finalizar la escritura y accederá directamente a la página.

2. Una vez en el buscador escriba las palabras clave en la casilla correspondiente, tal como muestra la imagen:

Compruebe en la imagen anterior que el propio buscador, en la parte inferior de la casilla de búsqueda, le va sugiriendo resultados que pueden coincidir con los que necesita. Si es así, haga clic sobre él y comenzará la búsqueda.

3. Por el contrario, si ninguno se ajusta a sus necesidades acabe de escribir su texto y de manera inmediata, automáticamente, irán apareciendo en el buscador resultados coincidentes con su búsqueda.

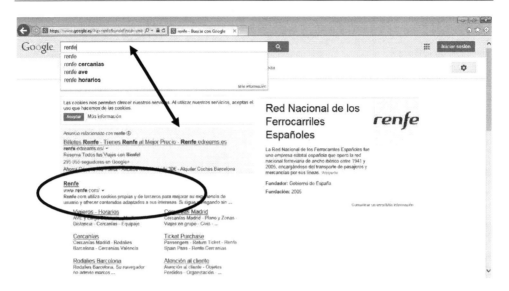

De los resultados que le muestra el buscador deberá elegir aquel que más se acerque al resultado que espera. En este caso es evidente que el más similar es el primero que mostrará directamente la página web de RENFE.

4.   Para acceder a ese resultado solo tiene que hacer clic en el enlace que le proporciona el buscador. Para ello sitúese encima del título del resultado, señalado en la imagen inferior, y cuando aparezca un enlace (en forma de mano) haga clic y se abrirá la página que buscaba.

Renfe

www.**renfe**.com/ ▾

Renfe.com utiliza cookies propias y de terceros para mejorar su experiencia de usuario y ofrecer contenidos adaptados a sus intereses. Si sigue navegando sin ...

Viajeros - Horarios
AVE y Larga Distancia - Media Distancia - Cercanías - Equipaje

Cercanías Madrid
Cercanías Madrid - Plano y Zonas - Viajes en grupo - Civis - ...

Cercanías
Cercanías Madrid - Rodalies Barcelona - Cercanías Valencia

Ticket Purchase
Passengers - Return Ticket - Renfe Spain Pass - Renfe Cercanías

Rodalies Barcelona
Rodalies Barcelona. Su navegador no admite marcos ...

Atención al cliente
Atención al cliente - Objetos Perdidos - Organización - ...

Nota importante: si desea acceder a un lugar concreto del sitio web que le proporciona la búsqueda, hágalo desde en el enlace directo. Por ejemplo, en la imagen anterior si desea visualizar los horarios de Renfe sin necesidad de visitar el resto de la página haga clic en el enlace *Viajeros-Horarios*.

3.4 EJERCICIO PRÁCTICO

Para mejor comprensión de los epígrafes referentes a las búsquedas con Internet Explorer 10, siga las instrucciones que se le indican a continuación:

1. Acceda a su navegador.

2. Introduzca en la barra de direcciones el dominio completo de COCA COLA: *www.cocacola.es*.

3. Pulse la tecla **Intro** y compruebe el siguiente resultado.

4. Borre el contenido de la barra de direcciones y ahora escriba la dirección del buscador Google: *www.google.es*.

5. Escriba en la casilla del buscador *BMW*.

6. Haga clic en **Buscar** con Google o pulse la tecla **Intro**.

7. Compruebe los resultados y observe que el primero de ellos es la página oficial de BMW.

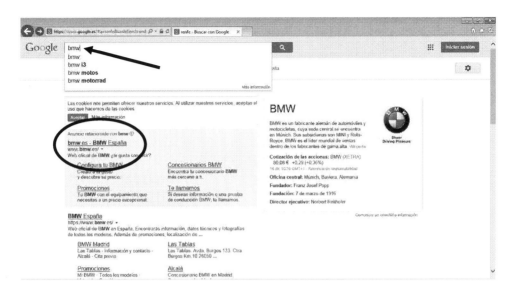

8.   Haga clic en el enlace del primer resultado y accederá a la página web oficial de BMW.

3.5 NAVEGAR POR LA RED

Ahora que ya sabe cómo acceder a una página web, llega el momento de aprender a navegar por las distintas páginas que componen la Red. *Navegar* es "viajar" de página en página hasta dar con su objetivo. A veces esta tarea podrá resultarle ardua y lenta, puesto que no todas las búsquedas son tan sencillas como las que se plantearon en los ejemplos anteriores. Sin embargo, la persistencia es la mejor forma de hallar el resultado esperado, porque tarde o temprano encontrará en la Red aquello que está buscando.

Es preciso que antes de ponerse a navegar conozca bien las funcionalidades de su navegador que a continuación se detallan.

3.5.1 Vínculos

Los vínculos son los enlaces que le permitirán "saltar" de página en página con tan solo un clic de ratón. Todas las web contienen multitud de vínculos que le llevarán o bien a otras páginas del mismo o de otros sitios web. A su vez, cuando alcance esas otras páginas también contendrán otros enlaces o vínculos que le llevarán a otras tantas, y así sucesivamente se va ejecutando un proceso al que se denomina *navegación*, cuyo final se producirá cuando encuentre el objetivo con el que comenzó dicha navegación, o bien cuando "se canse" y decida acabar con dicho proceso, si es que no tenía ningún objetivo concreto.

En cualquiera de los casos, en su proceso de navegación se irá encontrando vínculos en forma de líneas de texto, de imágenes, botones u otros elementos en los que al pasar el ratón por encima de ellos el puntero cambiará de aspecto convirtiéndose, en la mayor parte de los casos, en una mano   que apuntará el enlace.

Por ejemplo, suponga que desea encontrar el horario de los trenes AVE Madrid-Sevilla en la web de Renfe. Para ello siga los pasos que se indican:

1. Acceda a la web de Renfe, como se indicó en el epígrafe anterior.

2. Busque entre las distintas opciones, enlaces, vínculos, etc., que contiene la web aquellos que más se asemejen a su objetivo final; en este caso encontrar un horario determinado podría estar en el vínculo **Horarios y Precios**.

3. Una vez localizado, sitúese encima hasta que aparezca el enlace y haga un clic con el botón izquierdo del ratón para efectuar el vínculo a la siguiente página.

4. En este caso aparece un buscador de viajes para localizar el deseado. Vaya desplegando las distintas opciones que se le ofrecen hasta tener seleccionado exactamente el viaje que desea y, posteriormente, haga clic en **Buscar**.

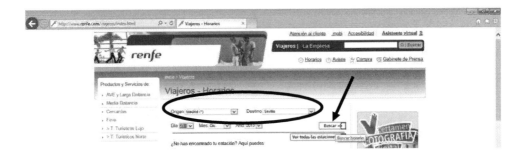

5. A continuación, el sitio web Renfe le ofrecerá todos los trenes, horarios y precios al destino elegido.

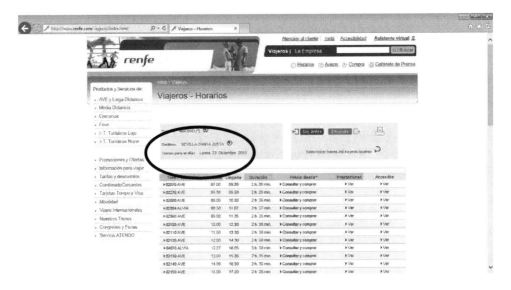

En resumen, para navegar busque los vínculos y una vez los localice pase el ratón por encima hasta comprobar que el puntero se convierte en una mano apuntando en enlace. Haga clic para pasar a otra página y repita este proceso las veces que sea necesario hasta dar con su objetivo final, en el caso de que le tenga.

3.5.2 Pestañas

Mientras navega por **Internet Explorer 10** tendrá la posibilidad de tener abiertas a la vez varias páginas web e ir alternando de una a otra mediante las denominadas *pestañas*.

Si observa la siguiente imagen podrá comprobar que, aunque solo tiene una ventana de Internet, en realidad mantiene abiertas dos páginas, concretamente Renfe y BMW, señaladas en la figura.

Esto significa que al mismo tiempo que está buscando los horarios de los trenes Madrid-Sevilla puede estar visualizando el sitio web de BMW o cualquier otro que desee. Para ello solo tiene que abrir nuevas pestañas siguiendo los pasos indicados:

1. Sitúese con el ratón al final de la última pestaña y cuando visualice el botón **Nueva pestaña**, señalado en la imagen inferior, haga clic sobre él.

2. Aparecerá una nueva página, en la que podrá abrir una nueva página web siguiendo los pasos que se indicaron en los apartados anteriores.

3. Si desea buscar una página web que no conoce escriba en la barra de direcciones el nombre del buscador y si, por el contrario, conoce la dirección exacta de la página que busca escríbala completa. Por ejemplo, escribimos la dirección *www.rtve.es*.

4. Ahora dispondrá de tres pestañas abiertas en su navegador, señaladas en la siguiente imagen. Si desea pasar de una a otra solo tiene que hacer clic sobre la pestaña que contiene aquella que desee visualizar.

También podrá realizar esta operación haciendo clic sobre el icono de **Internet Explorer** situado en la **Barra de tareas**; cuando realice esta operación aparecerán las ventanas que permanecen abiertas en el explorador y podrá acceder a cualquiera de ellas haciendo clic sobre aquella que desee.

3.5.3 Avanzar y retroceder

Ahora que ya conoce la manera de navegar a través de los vínculos y las pestañas, es posible que en algún momento necesite utilizar los botones **Avanzar** y **Retroceder** que se detallan a continuación:

1. **Retroceder**: el botón sirve para volver a las páginas anteriores en la que estuvo navegando mediante diversos vínculos.

2. **Avanzar**: el botón ![botón avanzar] solo se activará después de haber utilizado previamente el botón *Retroceder* y de esta manera volverá de nuevo a las páginas visitadas.

3.5.4 Actualizar y cerrar ventana

Otros dos botones muy útiles de la **Barra de direcciones** son:

1. **Actualizar**: el botón ↻ vuelve a cargar una página cuya descarga se ha detenido por problemas con la Red.

2. **Seguridad**: el botón 🔒 muestra informes de seguridad de las páginas que está visitando.

3. **Buscar**: el botón 🔍▾ muestra las últimas búsquedas que realizó desde el navegador por si desea acceder a ellas de forma rápida.

4. **Cerrar**: el botón ✕ cierra la pestaña y, por tanto, una página que ya no desee visualizar.

3.5.5 Búsquedas

Si bien en otro epígrafe de este capítulo se explicó la forma de realizar una búsqueda sencilla, vamos a centrarnos ahora en la manera de encontrar en la Red todo aquello que necesite. Para ello siga los consejos que se indican a continuación:

1. Elija un buscador potente que le acerque el máximo posible a su objetivo.

2. Seleccione cuidadosamente las palabras clave que introducirá en el buscador para alcanzar su cometido. Para ello:

    - Elija palabras directamente relacionadas con la búsqueda.

    - No escriba demasiado texto o frases largas, no es necesario.

    - Puede utilizar indistintamente mayúsculas o minúsculas.

Nota importante: actualmente la potencia de buscadores como **Google** permiten encontrar rápidamente palabras clave con las sugerencias que le ofrecen a medida que usted introduce texto.

3. Entre los resultados que le muestre el buscador seleccione aquellos que puedan parecerle más interesantes y adecuados a su fin. No siempre los primeros tienen por qué ser los mejores y aunque si bien es cierto que con alta probabilidad se acercarán más a su objetivo, no descarte el resto de los que aparecen, al menos, en la primera hoja de resultados.

4. No confunda los **resultados naturales** que le proporciona el buscador con los **enlaces patrocinados**, que son anuncios publicitarios insertados por empresas que desean aparecer en su búsqueda.

5. Para distinguir unos resultados de otros, la siguiente imagen señala aquellos que son anuncios publicitarios y que pueden aparecer con un fondo de color, además de especificar claramente **Anuncios**, **Enlaces patrocinados** o algo similar.

El resto, los que aparecen en la parte inferior, son resultados naturales que ofrece el buscador. Utilice unos u otros en función de la mayor coincidencia a las palabras clave que introdujo.

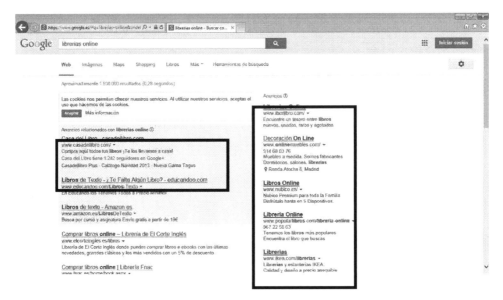

Si, por ejemplo, usted quisiera adquirir este libro en una librería *on line* podría hacer clic en el primer resultado que aparece en los enlaces patrocinados de la parte superior, es decir, *www.casadellibrocom*, o en el primer resultado de los enlaces patrocinados de la parte izquierda: *www.iberlibro.com*.

No existe ninguna diferencia para el usuario entre hacer clic en un enlace patrocinado o en un enlace natural (los situados justo debajo de los patrocinados). La diferencia solo estriba en que el anunciante pagará una cantidad de dinero al buscador (en este caso a Google) cada vez que un usuario haga clic en su anuncio.

3.6 CERRAR INTERNET EXPLORER 10

Cuando desee finalizar su navegación por una página web pueden existir dos opciones:

- Como ya se ha comentado, si desea cerrar alguna de las páginas web que mantiene abiertas deberá hacer clic en el aspa correspondiente a la pestaña que contiene dicha página, repitiendo el proceso tantas veces como sea necesario; como, por ejemplo, en la imagen siguiente:

- Si desea cerrar Internet podrá ir cerrando una a una las pestañas que mantenga abiertas o bien cerrar de una sola vez haciendo clic en el aspa del propio navegador.

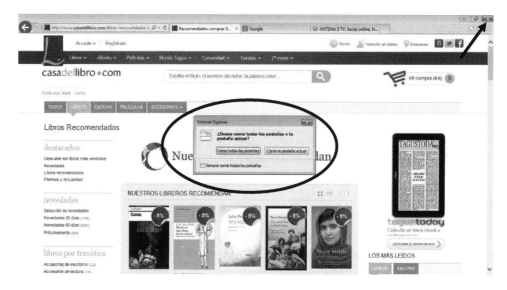

Compruebe que en este caso aparece una ventana en el centro de su navegador que le indica si desea **Cerrar la pestaña actual** (en la que se encuentra) o bien desea **Cerrar todas las pestañas**, en cuyo caso se cerrará completamente el navegador.

3.7 EJERCICIO PRÁCTICO

Para mejor comprensión de los epígrafes referentes a la navegación con **Internet Explorer 10**, siga las instrucciones que se le indican a continuación:

1. Acceda a su navegador para encontrar las tarifas de Vodafone para telefonía móvil con contrato.

2. Teclee en la barra de direcciones la URL del buscador Google: *www.google.com*.

3. En el buscador teclee las palabras clave *Tarifas Vodafone*.

4. En los resultados mostrados elija la página web oficial de Vodafone.

5. Entre los distintos enlaces de la web de Vodafone elija **Tarifas**.

6. En los distintos enlaces que aparecen en forma de menú haga clic en algo similiar a *Telefonía Móvil Contrato*.

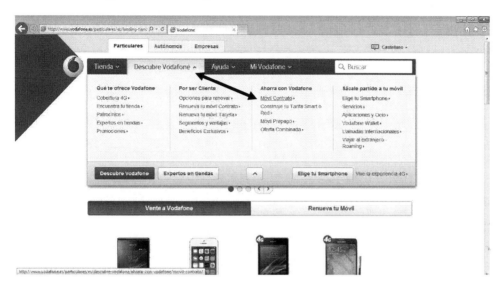

7. A continuación siga navegando hasta dar con las tarifas de telefonía móvil por contrato que está buscando.

8. El resultado será similar al que vemos en la imagen siguiente.

Para comparar las tarifas de Vodafone con las de Movistar continúe navegando:

9. Abra una nueva pestaña y busque la página web con las tarifas de Movistar.

10. En las opciones que se le ofrecen seleccione aquellas en las que indique *Móvil*, *Contrato* y *Voz*, que son las que está buscando.

11. El resultado será similar al siguiente:

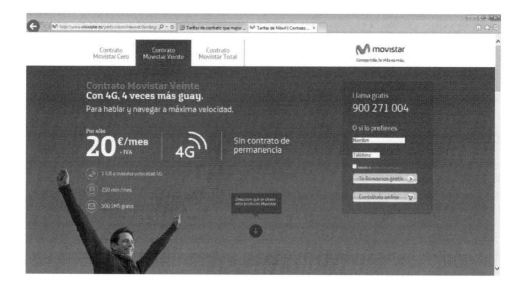

12. Muévase por las páginas y pase de una a otra haciendo clic en la pestaña correspondiente.

13. Cierre la pestaña de la página web de Movistar.

14. Haga clic en la tarifa que le resulte más interesante de Vodafone y navegue por ella.

15. Cierre la pestaña de la página web de Vodafone.

3.8 CORREO ELECTRÓNICO

El correo electrónico, o *e-mail*, permite enviar mensajes de texto de manera rápida, sencilla y económica, a cualquier parte del mundo y desde cualquier ordenador con una simple conexión a Internet.

3.8.1 Dirección de correo electrónico

El correo electrónico permite que varias personas (emisores y destinatarios) puedan enviarse mutuamente información (texto, imágenes, música, PDF, etc.) mediante una dirección de correo en Internet que se compone de tres elementos básicos:

- **Nombre del usuario**: por ejemplo: anacruz.autora.

- **Letra arroba (@)**: se pulsa la tecla **alt gr** + **2**.

- **Nombre del servidor de correo**: por ejemplo, *gmail.com*.

Esto significa que si usted quisiera comunicarse conmigo, además de tener su propia dirección de correo electrónico, solo tendría que introducir el nombre de la mía (*anacruz.autora@gmail.com*) en su servidor y enviarme el mensaje que deseara.

3.8.2 Servidores de correo electrónico

Un servidor o proveedor de correo es una página web que se dedica, íntegra o parcialmente, a suministrar servicios de correo electrónico a los usuarios que así lo deseen.

Esto significa que estas páginas le ofrecen la posibilidad de abrir una dirección de correo electrónico (también llamada *cuenta de correo*) a través de la cual usted podrá comunicarse cuando lo desee con sus familiares, amigos, conocidos, etc.

Existen multitud de servidores de correo y aunque a la hora de abrir una cuenta de correo deberá elegir aquel que más se adapte a sus necesidades (por capacidad, por ser el que le ofrezca el servidor de su empresa, por ser gratuito con su conexión a Internet, etc.), la realidad es que los más utilizados en España son: **Gmail** de Google, **Hotmail** de Microsoft y **Yahoo** de Yahoo.

La siguiente imagen muestra el servidor de correo Gmail, dedicado exclusivamente a ofrecer servicios de *mail* y *chat*.

Por el contrario, la imagen inferior muestra el servidor de correo de Yahoo, cuya dedicación a servicios de correo electrónico es parcial, ya que este portal web también ofrece contenidos e información general sobre otros muchos temas. En la figura se señala el apartado ocupado en el portal para el correo web.

Nota importante: para las siguientes explicaciones del capítulo se utilizará el navegador **Mozilla Firefox** con el fin de que el lector pueda familiarizarse con otros navegadores distintos de **Internet Explorer**.

3.8.3 Abrir una cuenta de correo

Abrir una cuenta de correo electrónico en el proveedor elegido es, actualmente, un proceso bastante simple y rápido. A continuación se muestran los pasos para abrir una cuenta en el servidor Gmail, teniendo en cuenta que en cualquier otro elegido serán similares, con pequeñas variantes que no le resultarán difíciles de detectar.

1. Escriba en la barra de direcciones la dirección del servidor o bien puede localizarlo a través de algún buscador.

2. Dentro del servidor elegido, diríjase al apartado **Correo electrónico** y dentro de éste a **Crear una cuenta**, **Abrir una nueva cuenta**, o cualquier otro similar, tal como se indica en la figura que vemos a continuación.

3. A continuación deberá facilitar sus datos personales más comunes. Cuente con que la Ley de Protección de Datos le asegura la confidencialidad del servidor pero, en cualquier caso, si no desea introducir alguno de ellos opte por escribir solo los obligatorios o bien por introducir datos no reales.

4. Posteriormente, escriba el nombre de usuario que desea para su cuenta de correo y haga clic en **Comprobar disponibilidad**.

Puede ocurrir que ese nombre ya esté cogido por otra persona, en cuyo caso el servidor le avisará y le sugerirá otros nombres hasta que encuentre alguno disponible.

En la siguiente figura puede comprobar que si el nombre elegido no está disponible, Gmail le propone algunas alternativas de las que puede hacer uso.

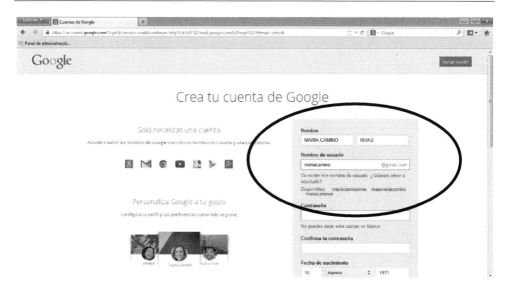

5. Si elije alguna de las sugerencias propuestas por el servidor, márquela y vuelva a repetir el paso 4. Y si, por el contrario, elije un nuevo nombre de su elección repita el paso 4, escribiendo previamente el nuevo nombre. Este proceso finalizará cuando encuentre un nombre de su gusto disponible.

6. Ahora que ya tiene su nombre de usuario, deberá escribir una contraseña para que solo usted pueda acceder a su cuenta de correo. Por ello deberá tener en cuenta los siguientes consejos:

   - Elija una combinación que pueda recordar, preferiblemente de números y letras y sin utilizar acentos, signos de puntuación u otros elementos de estas características.

   - Tenga en cuenta que el servidor distingue entre mayúsculas y minúsculas, de manera que si escribe su contraseña en mayúsculas siempre deberá hacerlo del mismo modo.

   - No confunda su nombre de usuario con su contraseña; el primero es el nombre visible para todo el mundo y la segunda solo usted debe conocerla.

   - Cuanto más difícil sea la combinación elegida como contraseña, menos posibilidades tendrá de que su "clave secreta" sea "pirateada" por otros. El propio servidor le informará de la **Fortaleza de su contraseña**, por lo que antes de confirmarla asegúrese de que es **Óptima**, como muestra la siguiente imagen:

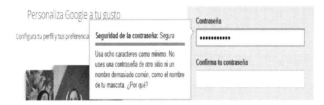

7. Si lo desea puede dejar otra dirección de correo alternativa por si se produce la incidencia explicada en el punto anterior o, en caso contrario, puede dejarlo en blanco. Lo mismo sucede con el teléfono, puede dejarlo en blanco si lo desea; puede que en otra ocasión Gmail se lo solicite pero siempre podrá tener la opción de no hacerlo.

8. Por último, introduzca el código *antiprishing* para indicar al servidor que la cuenta la está creando una persona y no un robot. Escriba los caracteres de la misma forma que lo visualiza y si no desea hacerlo desactive la opción "**Omitir esta verificación…**".

Acepte las condiciones del servicio y la política de privacidad y si todos los datos son correctos ya tendrá abierta su cuenta de Gmail. En caso contrario, le remitirá a la misma pantalla inicial para que los revise y repare, tal como muestra la siguiente figura, en las que tanto el nombre de usuario como la contraseña son incorrectas:

Igualmente sucederá si no introdujo correctamente los dígitos del código *antiprishing*; el servidor se los volverá a pedir, pudiendo solicitarle en este caso que introduzca de nuevo su contraseña.

Ahora ya tiene abierta su cuenta de correo. Para entra definitivamente haga clic en la opción **Paso siguiente** de la pantalla, o bien puede incluir desde el inicio una fotografía para su cuenta; para ello haga clic en **Añadir una foto**. En este caso optaremos por ir directamente al paso siguiente:

3.8.4 Entrar y salir del correo electrónico

Ahora que ya tiene abierta su cuenta de correo puede acceder directamente haciendo clic en el botón **Ir a Gmail** señalado en la imagen siguiente:

Cuando haga clic en este botón, verá que Gmail le posibilita acceder a una "visita guiada" con la que podrá ver cómo se realizan las funciones más habituales con el correo electrónico. Si desea hacerlo haga clic en el botón **Siguiente** de la ventana de bienvenida, y si decide no hacerlo puede seguir las explicaciones siguientes de este libro y no tendrá pérdida alguna.

Si cierra la ventana de bienvenida visualizará otra nueva ventana en la que se le informa acerca de la configuración de imágenes contenidas en el correo electrónico. De momento no configure ninguna opción y acceda directamente a su correo haciendo clic en el botón **Aceptar** de dicha ventana.

Es el momento de aprender a gestionar su nuevo correo electrónico pero para ello es necesario que conozca la forma de entrar y salir las veces que lo necesite. Vamos a seguir el orden inverso, ya que en este momento que acaba de crear su cuenta tendrá su correo electrónico abierto.

Para ello, fíjese en la siguiente pantalla, la primera que le proporciona Gmail y que iremos desgranando en los siguientes epígrafes de este capítulo. En en esta ocasión solo nos fijaremos en el botón señalado en la figura:

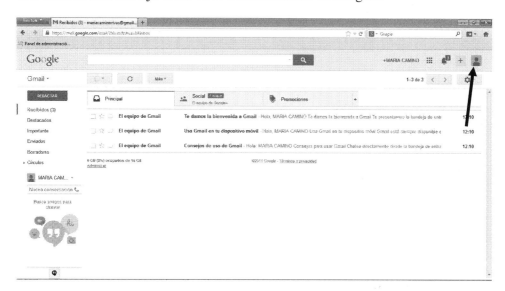

En la parte superior derecha puede ver señalado el icono  de su cuenta. Siempre que desee abandonar su correo electrónico haga clic sobre él y en la pequeña ventana que aparece pulse la opción **Cerrar sesión**, se desconecte y vuelva a la pantalla inicial.

A continuación, visualizará la pantalla principal de Gmail desde la que podrá volver a acceder a su cuenta siempre que lo desee, escribiendo su nombre de usuario y su contraseña y haciendo clic en **Iniciar sesión**, tal como muestra la siguiente imagen:

Nota importante: cierre siempre la sesión de su correo electrónico antes de cerrar el navegador, dado que si no lo hace y está trabajando en ordenadores ajenos es posible que otros usuarios de ese ordenador puedan visualizar su correo personal.

En ocasiones, al acceder de nuevo a su cuenta, Gmail le preguntará si desea indicar otra dirección de correo electrónico o bien su número de teléfono. Si no desea hacerlo, solo tiene que bajar hasta el final de la pantalla y hacer clic en el botón **No gracias**.

3.8.5 Pantalla del correo electrónico

La primera pantalla con la que se encuentra al entrar en su cuenta de correo tiene un aspecto similar en todos los proveedores de correo, aunque en nuestro caso seguimos analizando el servidor Gmail.

Esta pantalla dispone de los siguientes elementos:

- **Panel izquierdo**: recoge de manera ordenada todas carpetas en las que se van almacenando los distintos correos enviados, recibidos, guardados, destacados, papelera, *spam* etc., así como la opción de redactar o crear correos electrónicos.

La parte inferior de este lateral está destinada a la posibilidad de crear o administrar nuevas etiquetas, así como al uso del chat a través de este mismo proveedor.

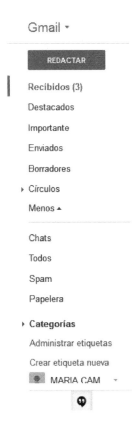

- **Panel derecho**: esta zona muestra el contenido de la carpeta o apartado que se encuentre seleccionado en el lateral izquierdo. Por ejemplo, en el caso que se visualiza en la siguiente imagen, muestra los elementos que contiene la carpeta **Recibidos**.

A continuación se ofrece una breve indicación del contenido de cada carpeta o apartado contenido en una cuenta de correo electrónico. Pasar de una carpeta a otra es tan fácil como hacer clic encima de aquella de la que desee visualizar su contenido.

- **Redactar**: permite enviar correos electrónicos a otras personas.

- **Recibidos**: también llamada **Bandeja de entrada**, recibe y almacena los mensajes que vaya recibiendo de otras personas, hasta que usted mismo los vaya eliminando.

- **Enviados**: almacena los mensajes que haya enviado a otras personas, hasta que usted mismo los vaya eliminando.

- **Borradores**: acumula los mensajes que, por cualquier motivo, escribió y no envió por si desea enviarlos en otra ocasión o hasta que decida eliminarlos.

- **Papelera**: también llamada **Eliminados**, es la carpeta en la que se almacenan temporalmente los elementos que haya eliminado por si desea recuperarlos en otra ocasión. Los correos eliminados de esta carpeta serán definitivamente borrados de su cuenta de correo.

- **Spam**: en esta carpeta se van acumulando aquellos correos que el servidor pueda detectar como "peligrosos" y aquellos que usted haya designado como tales como más adelante se explicará.

- **Contactos**: es la agenda de direcciones de su cuenta de correo que recoge los *e-mails* de sus contactos para que no pueda utilizarlas con posterioridad sin necesidad de memorizarlas.

- **Más**: está opción que aparece en el correo de Gmail le permite visualizar otras carpetas que a priori no aparecen.

Compruebe en la siguiente imagen que el correo electrónico del proveedor **Yahoo** tiene una estructura muy similar a la que estamos detallando para **Gmail**.

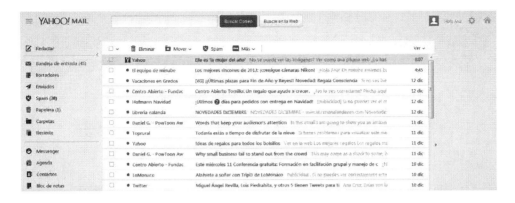

3.8.6 Funciones del correo electrónico

Antes de indicar las funciones de su correo electrónico es importante que conozca la estructura de un *e-mail*, como el que muestra la siguiente figura:

Un correo electrónico se compone de:

- Casilla de verificación.

- Nombre del remitente.

- Título del mensaje.

- Fecha del mensaje.

Y ahora que ya conoce la estructura de su cuenta de correo, dispone de varias funciones similares en todos los proveedores que, a continuación, se detallan:

3.8.6.1 LEER O ABRIR CORREOS

Cuando su carpeta de **Recibidos**, o su **Bandeja de entrada**, tenga mensajes que le hayan enviado otras personas aparecerá en negrita y con un número entre paréntesis que le indicará el números de correos electrónicos que recibió.

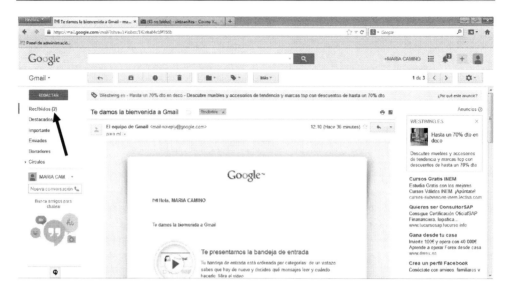

Para leer estos mensajes sitúese en el lateral derecho de su cuenta de correo y haga clic en el vínculo que aparece sobre el mensaje recibido que desea visualizar.

A continuación, emergerá una nueva pantalla, como la que muestra la figura anterior, en la que podrá ver el contenido del mensaje recibido e, inmediatamente, su bandeja de entrada contabilizará un correo menos puesto que ya ha sido abierto o visualizado.

Compruebe en la imagen que el lateral derecho muestra el contenido del mensaje que abrió y que la carpeta **Recibidos** ahora indica que solo tiene 2 mensajes, puesto que elimina del cómputo el mensaje que ya ha leído.

Por otro lado, si desea visualizar cualquier otro mensaje de la carpeta **Recibidos** haga clic sobre ella y repita la misma operación anteriormente descrita. Y así tantas veces como desee.

3.8.6.2 ENVIAR CORREOS

La forma de enviar correos aparecerá con el nombre de **Redactar**, **Nuevo**, etc. La siguiente imagen indica el botón de **Redactar**, así como la estructura con la que aparece la ventana para poder enviar mensajes.

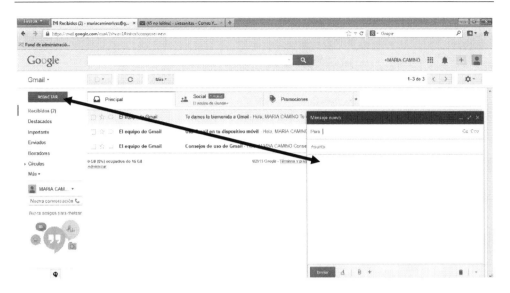

Dicha estructura consta de los siguientes campos:

- **Para**: este campo es el lugar donde se coloca la dirección electrónica del destinatario. Podrá escribir una dirección o varias si desea enviar el mensaje a diversas personas a la vez. Tan solo habría un espacio entre ambas direcciones, y si desea eliminar alguna de las que incluyó haga clic en el aspa que aparece en la dirección y que se indica en la siguiente imagen:

Observe también en la figura inferior que al añadir texto en el campo **Para** irán apareciendo direcciones de correo, guardadas en su carpeta de contactos[7], coincidentes con el texto introducido.

Si desea enviar el *e-mail* a alguna de las personas que tiene guardadas o almacenadas en su agenda electrónica, solo tiene que hacer clic sobre dicha dirección y automáticamente pasará al campo **Para**.

---

[7] La carpeta *Contactos* se explicará en epígrafes posteriores de este mismo capítulo.

Es importante que tenga en cuenta en este punto para qué sirven los botones **Cc** y **CCo** de la ventana **Redactar** y qué diferencia existe entre ellos. Pues bien, ambos le permitirán seleccionar direcciones desde su carpeta o libreta de contactos pero la diferencia estriba en que haciéndolo desde el botón **Cco** las direcciones de correo que incluya no podrán ser visualizadas por los otros contactos, mientras que si lo hace desde **Cc** todos los contactos podrán ver a qué otras personas le envió el correo.

Utilice esta opción si desea cuidar y proteger los datos personales de sus contactos, para que no puedan ser visualizados por otras personas.

- **Asunto**: este campo contiene el título o tema sobre el que versa el mensaje que envía, es decir, es una breve frase resumen del contenido del *e-mail*.

Es importante que escriba el título del mensaje, ya que dada la gran cantidad de correos electrónicos que se envían actualmente (muchos de ellos correo basura) el título del mensaje puede dar idea al receptor de la importancia o urgencia con la que se envía.

Puede comprobar que el asunto que haya escrito, aparecerá también en la parte superior de la ventana **Redactar**.

- **Cuerpo**: es el campo en el que se escribe el contenido del mensaje. Es importante que la estructura del mensaje contenga al menos, un saludo inicial, un cuerpo de texto más o menos estructurado y un saludo final junto a la firma del remitente, tal como se visualiza en la imagen inferior:

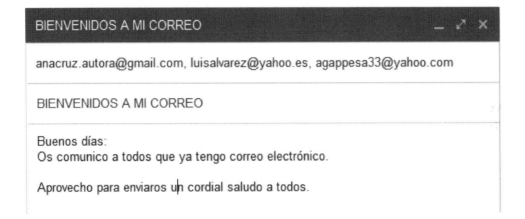

Ahora que ya conoce la estructura para enviar un *e-mail* siga los pasos indicados a continuación:

1. Haga clic en el botón **Redactar** e inserte en el campo **Para** la dirección o direcciones de correo de los destinatarios.

2. Escriba, opcionalmente, una breve frase en el campo **Asunto**.

3. Escriba el contenido del mensaje en el **Cuerpo** del mensaje.

4. Haga clic en el botón **Enviar** o similar, señalado en la siguiente imagen:

5. Compruebe en la carpeta **Enviados** que el mensaje ha quedado almacenado.

3.8.6.3 RESPONDER CORREOS

Para responder a un correo la primera tarea que tendrá que realizar es ir a su **Bandeja de entrada**, o de **Recibidos**, y revisar los mensajes que tiene. A continuación, una vez que lo haya leído y desee contestar a su remitente, siga los pasos indicados:

1. Abra el mensaje.

2. Haga clic en el botón **Responder**, señalado en la siguiente figura:

3. Escriba el texto de respuesta y haga clic en **Enviar**.

4. Compruebe en la carpeta **Enviados** que el mensaje ha quedado almacenado.

5. Si el mensaje que recibió iba dirigido a varios destinatarios a la vez, podrá responder a todos ellos haciendo clic en la opción **Responder a todos**, que muestra la siguiente imagen, y que solo aparece cuando hay varios destinatarios.

3.8.6.4 REENVIAR CORREOS

Cuando reciba un correo electrónico y desee enviárselo a otra u otras personas que no sean las que se lo enviaron, en lugar de **Responder** tendrá que utilizar la opción **Reenviar**.

El procedimiento es similar al anterior con las siguientes salvedades:

- El botón a pulsar es **Reenviar**.

- El campo **Para** no incluye ninguna dirección de correo ya que, al ser un reenvío, usted deberá elegir las personas a las que desea enviárselo.

- Para introducir las direcciones de correo, proceda de la misma forma que lo hizo para redactar un mensaje nuevo.

- Si lo desea, escriba un texto para acompañar al mensaje reenviado y compruebe que en la parte inferior del cuerpo del mensaje, rodeado con un círculo, aparece información acerca del mensaje que recibió y que ahora está reenviando.

- Haga clic en el botón **Enviar**.

3.8.6.5 ADJUNTAR ARCHIVOS

Su cuenta de correo electrónico le permitirá enviar no solo mensajes de texto, sino también le permitirá adjuntar archivos creados en otros programas, ya sean de texto, de imágenes, etc.

Cuando desee adjuntar un archivo a un correo electrónico, lo primero de todo deberá asegurarse de que dispone de dicho archivo almacenado dentro de su ordenador, o bien, se encuentra disponible en algún dispositivo extraíble, como un *pendrive*, un CD, etc.

A continuación siga los siguientes pasos para adjuntar un archivo.

1. Proceda a enviar o responder un mensaje, tal como se ha explicado en epígrafes anteriores.

2. Haga clic en el botón **Adjuntar archivos** que se indica en la figura:

3. En la ventana del explorador que ahora aparece localice los archivos a adjuntar y seleccione aquellos que desea enviar, como muestra la imagen.

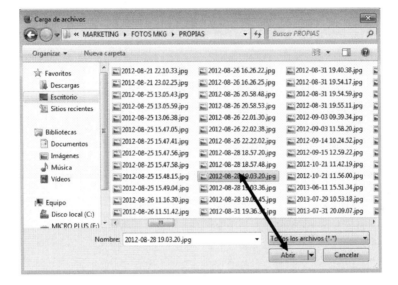

4. Una vez seleccionados haga clic en el botón **Abrir** y se irán incorporando a su correo electrónico.

5. Puede repetir esta operación tantas veces como desee haciendo clic de nuevo en el botón **Adjuntar archivos**. Compruebe en la figura siguiente como los archivos seleccionados, se van adjuntando a su correo electrónico para que se asegure de su envío.

Si adjuntó algún archivo que no desea enviar, puede eliminarlo directamente haciendo clic en el aspa indicado con flechas en la figura anterior.

También puede seleccionar varios archivos a la vez pulsado la tecla **Ctrl** mientras va haciendo clic en los que vaya a enviar.

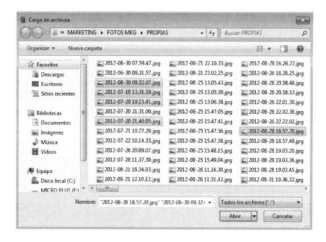

Nota importante: aunque podrá enviar bastantes archivos adjuntos, puesto que los actuales servidores de correo tienen una gran capacidad de almacenamiento, tenga en cuenta que cuanto "más peso" tengan los archivos a enviar, más se ralentizará el proceso de envío, e incluso si supera el tamaño permitido por el servidor puede ocurrir que se no envíe el mensaje que los contiene.

3.8.6.6 GUARDAR BORRADORES

Los mensajes que haya escrito y, por cualquier razón, no haya podido enviar o simplemente desee guardar para su utilización en un momento posterior, quedan almacenados en la carpeta **Borradores**.

En la actualidad, los servidores de correo como Gmail, incorporan un guardado automático del correo electrónico que esté escribiendo de manera que si, por cualquier razón, decide posponer su envío, solo tiene que seguir trabajando con **Gmail** o incluso cerrarlo, y el correo habrá quedado guardado.

Cuando decida volver a hacerlo acuda a la carpeta **Borradores** y allí lo podrá encontrar, abrir, modificar, enviar o finalmente eliminar.

Si por alguna razón una vez guardado el borrador desea eliminarlo podrá hacerlo desde la opción **Descartar borrador**, situada en la parte inferior derecha de la ventana, tal como se visualiza en la siguiente figura:

3.8.6.7 DETECTAR SPAM

Cuando en su dirección de correo se reciben *e-mails* algo "sospechosos" el propio sistema puede detectarlos y enviarlos automáticamente a la carpeta de **Spam**. En cualquier caso, usted también podrá configurar su cuenta para que determinados correos electrónicos que se reciben no se queden en su carpeta de **Recibidos**, sino que pasen directamente a la de correo basura o **Spam**.

El procedimiento es muy sencillo, siguiendo los pasos indicados:

1. Seleccione el correo electrónico que usted ha detectado puede ser *spam*.

2. Marque la casilla de verificación de dicho correo electrónico.

3. Haga clic en el botón  **Marcar como Spam** indicado en la siguiente figura:

Si, por el contrario, alguno de los correos electrónicos que marcó como *spam* finalmente no lo fueran y quisiera que volvieran a la carpeta **Recibidos**, abra la carpeta **Spam**, marque su casilla de verificación y haga clic en el botón **No es spam**, señalado en la imagen posterior:

Nota importante: si no visualiza la carpeta **Spam** haga clic en el botón **Más** del lateral izquierdo de su servidor de correo para hacerla visible.

3.8.6.8 ELIMINAR CORREOS

Si desea hacer una limpieza en sus carpetas e ir eliminando alguno de los archivos que allí quedaron almacenados, ya sean recibidos, enviados, borradores, etc., sitúese en la carpeta en la que desea realizar la operación y siga los pasos indicados:

1. Marque la casilla de verificación de los *e-mails* que desee eliminar.

2. Haga clic en el botón **Eliminar**.

3. Compruebe que desaparecen de la carpeta en la que se encuentran y se almacenan en la carpeta **Papelera**, **Elementos eliminados** o similar.

4. Si desea borrar definitivamente los mensajes contenidos en la **Papelera** puede hacerlo de varias formas:

    −   Marcando la casilla de verificación de aquellos mensajes que desee suprimir y haciendo clic en el botón **Eliminar definitivamente** que aparece en la parte superior de los mensajes.

    −   Marcando la casilla de verificación de aquel que desee suprimir y haciendo clic en el botón **Papelera** , que aparece junto a dicha casilla.

    −   Haciendo clic en la opción **Vaciar papelera** ahora, sin necesidad de seleccionarlos, en cuyo caso se eliminarán todos los que contenga la **Papelera**.

5. Si lo que desea borrar son correos almacenados en la carpeta **Borradores** el procedimiento es el mismo que el anterior, solo que en esta ocasión el botón que tendrá que pulsar es **Descartar borradores**, como muestra la siguiente imagen:

6. Por último, para borrar los mensajes ubicados en la carpeta **Spam** marque la casilla de verificación de aquellos que desea borrar y haga clic en **Suprimir definitivamente** o bien, si desea borrarlos todos de una vez haga clic en el botón **Suprimir todos los mensajes de Spam ahora,** sin necesidad de seleccionarlos previamente. Ambos botones aparecen indicados en la imagen inferior.

3.8.6.9 ADMINISTRAR ETIQUETAS

Los servidores de correo incorporan la posibilidad de organizar las carpetas en las que se almacenan sus *e-mails* atendiendo a las necesidades que le surjan. Es decir, las carpetas que vienen por defecto (**Recibidos, Enviados, Papelera**, etc.) no son exclusivas sino que puede crear otras, con otros nombres, en las que pueda ir almacenando sus correos para ser más fácilmente localizados.

Para crear una nueva etiqueta sitúese en el lateral izquierdo de su correo y siga los pasos que se indican:

1. Despliegue el menú de carpetas haciendo clic en el botón **Más**.

2. En la parte inferior haga clic en **Crear etiqueta nueva**.

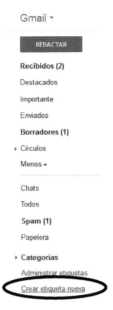

3. En la nueva ventana ponga el nombre a la nueva etiqueta y haga clic en el botón **Cerrar**.

4. Compruebe en el panel de menús que ahora aparece la nueva carpeta que creó, a la que podrá trasladar todos los *e-mails* que desee, para tenerlos organizados de manera útil y cómoda.

5. Para mover los *e-mails* de unas carpetas a otras, marque la casilla de verificación y, posteriormente, haga clic en el desplegable del botón **Mover** señalado en la figura siguiente. Ahora elija una de las carpetas que aparecen haciendo clic sobre ella y el/los *e-mail/s* seleccionados pasarán automáticamente a esa nueva carpeta.

6. Si desea modificar algunas de las características de la etiqueta creada, sitúese sobre ella y haga clic en el desplegable que incorpora en la parte derecha de la misma.

El desplegable le permitirá cambiar de color, mostrar u ocultar la etiqueta, modificar el nombre e incluso eliminarla si así lo desea. En este último caso tenga en cuenta que si elimina la etiqueta elimina también su contenido, por lo que antes de hacerlo asegurese de ello. No obstante, el propio correo le mostrará una ventana para que verifique que desea hacerlo.

En la última versión de Gmail, además de las etiquetas, se incorporan pestañas a las que irán a parar automáticamente los mensajes que tengan que ver con las redes sociales, promociones comerciales, etc.

De esta forma, cuando lleguen a su **Bandeja de entrada** mensajes publicitarios, Gmail los almacenará de manera automática en la pestaña **Promociones**. De la misma forma cuando lleguen mensajes relacionados con sus cuentas en las redes sociales se archivarán en **Social**, y así sucesivamente. El resto de mensajes que no tengan que ver con alguna de estas pestañas quedarán almacenados de manera general en la pestaña **Principal**.

Puede elegir las pestañas que quiere visualizar haciendo clic en el botón **Más** señalado en la figura anterior y aparecerá la siguiente ventana:

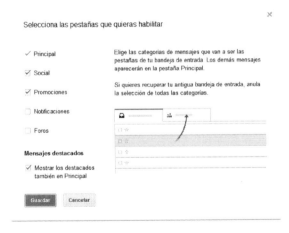

Seleccione o quite la selección, según sus preferencias, haciendo clic en las casillas de verificación de las pestañas correspondientes y, posteriormente, haga clic en el botón **Guardar**.

Tenga en cuenta que si desabilita todas las pestañas, **Gmail** volverá a tener la apariencia que tenía en versiones anteriores y para volver a recuperarlo habrá de entrar en la configuración de su cuenta.

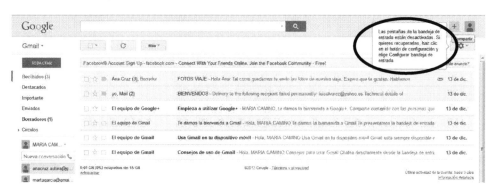

La imagen anterior muestra la pantalla de **Gmail** una vez desabilitadas todas las pestañas. Puede comprobar en la parte superior que han desaparecido y que, además, el propio servidor le indica en un aviso que para recuperar dicha apariencia debe entrar en la configuración de la bandeja de entrada, tal como se indica en la figura posterior.

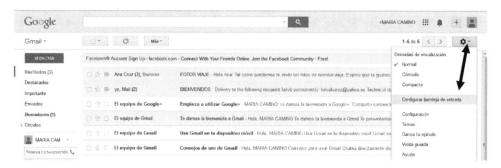

3.8.6.10 CARPETA DE CONTACTOS

La carpeta de contactos le permitirá almacenar los datos personales de las personas a las que habitualmente envía *e-mails* para que, posteriormente, pueda volver a utilizarlas sin necesidad de memorizar ninguna de ellas.

Para ellos siga el procedimiento que a continuación se indica:

1. Haga clic en el desplegable del botón **Gmail** que aparece en la parte superior del panel izquierdo de su correo electrónico.

2. Posteriormente, haga clic en la opción **Contactos** que aparece una vez se ha pulsado el botón anterior.

3. En la nueva ventana haga clic en el boton **Contacto nuevo**, señalado en la imagen.

4. Vaya introduciendo los datos que desee de su nuevo contacto en los espacios habilitados a tal fin, como visualiza en la imagen anterior.

5. Si desea introducir más datos adicionales a los que se le indican pulse el botón **Añadir** y haga clic en la opción que desea incluir.

La imagen inferior muestra que en el contacto del ejemplo se ha incluido el nuevo campo **Seudónimo**.

6. Igualmente, si desea eliminar alguno de los datos que contiene el contacto, sitúese con el ratón en dicho dato y cuando aparezca la papelera 🗑 haga clic sobre ella. En el contacto del ejemplo se elimina el campo del dato **Dirección**, como muestra la figura:

7. Por último, si desea incluir una fotografía de su contacto haga clic en el botón **Añadir una imagen**, situado en el campo correspondiente.

8. En la ventana que emerge haga clic en **Seleccionar una foto de tu equipo** y busque en el explorador de su ordenador la imagen o fotografía con la que quiere identificar a su contacto.

9. Cuando haya insertado la fotografía ajuste las medidas, moviendo los recuadros que la bordean a su gusto y, cuando lo tenga, haga clic en **Establecer como foto de contacto**. Por el contrario, si no desea esa foto haga clic en **Cancelar** e inicie de nuevo el proceso.

10. Inserte de la misma forma todos los contactos que desee y compruebe que van quedando almacenados en **Mis contactos**.

11. Puede eliminar un contacto marcando su casilla de verificación, pulsando el botón **Más** y haciendo clic en la opción **Eliminar contacto**.

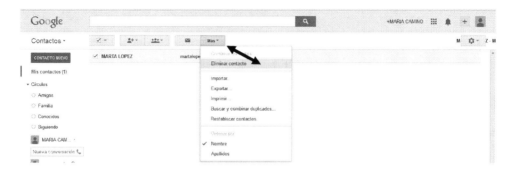

Cuando desee regresar a su correo electrónico y salir de la carpeta de contacto haga la misma operación que utilizó para entrar, es decir, pulse el botón **Gmail** y, seguidamente, marque la opción del mismo nombre.

3.8.7 Configuración del correo electrónico

Ahora que ya tiene abierta su cuenta de correo electrónico y conoce la mayoría de sus funcionalidades, es interesante que conozca cómo puede configurar su cuenta para hacerla más personal y adaptada a sus gustos y necesidades.

3.8.7.1 INSERTAR FOTOGRAFÍA

Si desea que su correo electrónico incluya una foto personal el proceso es muy sencillo. Comience haciendo clic en el botón de su perfil ![perfil] (el mismo que utiliza para cerrar la sesión) y siga los pasos que se indican a continuación:

1. Haga clic sobre la opción **Cambiar foto**, señalada en la imagen anterior.

2. En la nueva ventana haga clic en **Seleccionar una foto de tu equipo** y, posteriormente, busque la foto que desea insertar como imagen de su perfil entre sus archivos.

3. Ajuste la fotografía a sus necesidades tirando de los recuadros que la bordean.

4. Si es el resultado es de su conformidad haga clic en **Establecer como foto de perfil**, señalado en la figura anterior, o bien en **Cancelar** si no lo fuera; en este caso repita el proceso las veces que lo desee.

5. Compruebe que el botón de su perfil ahora se ha modificado y aparece con la fotografía insertada.

3.8.7.2 OTRAS OPCIONES DE PERFIL

Desde el botón de su perfil podrá hacer modificaciones opcionales en su pefil tales como: incluir una cuenta de correo alternativa o un teléfono para proteger su cuenta en caso de pérdida, cambiar contraseñas, modificar el idioma, ver los datos de su cuenta, etc.

Para acceder a estas utilidades haga clic en el botón de su perfil y, posteriormente, en la opión **Cuenta**. Aparecerá una nueva ventana, tal como la que se visualiza en la siguiente imagen, desde la que podrá hacer los cambios que estime oportunos en su cuenta.

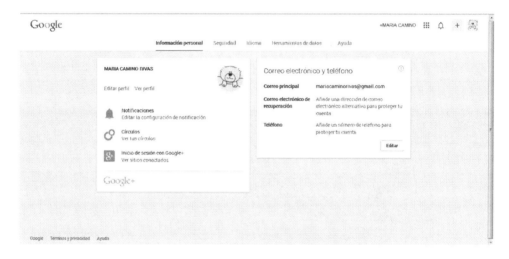

3.8.7.3 CONFIGURACIÓN DE CUENTA

Para personalizar a su gusto su cuenta de correo electrónico acuda al botón **Configuración** y haga clic en su desplegable.

Entre las herramientas que incluye el botón **Configuración** ya se vió en un epígrafe anterior, la opción **Bandeja de entrada** que le permite añadir o eliminar pestañas a su bandeja de entrada.

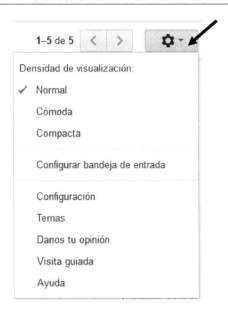

Sin embargo, el botón incluye otras utilidades como son la posibilidad de configurar la densidad con la que quiere visualizar sus correos electrónicos ofreciéndoles tres posibilidades: **Normal**, **Cómoda** y **Compacta**. Pruebe las tres modalidades haciendo clic sobre ellas y quédese con la que más útil le resulte.

Haga clic en la opción **Temas** para elegir un fondo con el que decorar su correo electrónico; puede elegir entre las diversas opciones que se le presentan y seleccionar la de su gusto haciendo clic sobre ella. Inmediatamente el fondo de su correo electrónico tomará ese formato.

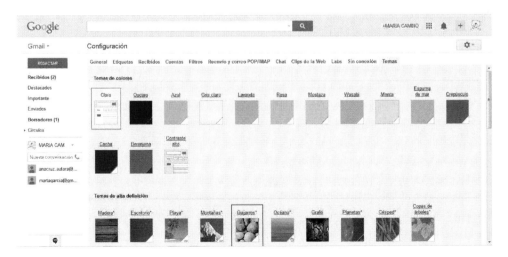

Y, por último, desde la opción **Configurar** del propio botón **Configurar** podrá hacer cambios en todos aquellos aquellos aspectos de su cuenta de correo que considere oportunos de entre los que le posibilita la aplicación y que puede visualizar en la siguiente imagen: **Etiquetas**, **Recibidos**, **Cuentas**, **Chat**, etc.

3.9 EJERCICIO PRÁCTICO

Para mejor comprensión de los epígrafes referentes a la utilización del correo electrónico, siga las instrucciones que se le indican a continuación:

1. Abra una cuenta de correo en algún servidor tal como Gmail, Hotmail, Yahoo, Terra, etc.

2. Inserte una foto personalizada en su perfil.

3. Configure el tema de su cuenta de correo, añadiendo un fondo a su gusto.

4. Envíe un correo electrónico de saludo a todos sus contactos de los que conozca su *e-mail*.

5. Revise su correo habitualmente y compruebe si recibe alguna contestación a su mensaje de saludo.

6. A medida que vaya recibiendo correos electrónicos reenviados con chistes, vídeos, etc., reenvíelos usted a sus contactos.

7. Remita a sus contactos alguna fotografía especial en la que estén juntos.

3.10 CHAT Y VIDEOCONFERENCIA

3.10.1 Conversaciones por chat

Como ya se anticipó al inicio de este capítulo los chats son conversaciones interactivas entre dos o más usuarios que se producen a tiempo real, al tener que estar todos conectados a la Red en el mismo momento.

Los servidores de correo suelen ofrecen un servicio adicional de chat dentro de sus aplicaciones. Dependiendo de cuál sea su servidor de correo dispone de **Hangout** de Google para Gmail, **Outlook** para Hotmail, **Messenger** para Yahoo, etc. Por esta razón, y por la similitud en el manejo de todos ellos, elegiremos el que ofrece Gmail para explicar el funcionamiento y utilidad de un chat.

No obstante, también puede encontrar chats generalistas en sitios y portales web en los que se ofrezca esta aplicación como, por ejemplo, en sitios web o portales tales como el que incluye *www.terra.es*, que se visualiza en la siguiente imagen. Desde estos chats podrá conversar con personas (conocidas o desconocidas) con las que tenga temas en común.

Para "chatear" en estas plataformas busque en enlace de entrada al servicio y una vez allí deberá registrarse como usuario para poder utilizar el chat. El registro dependerá de la plataforma pero, en cualquier caso, suele ser bastante sencillo, unos pocos datos personales (generalmente un alias y una contraseña) bastarán para darse de alta y poder comenzar a utilizar el chat y participar en aquellos que sean de su interés.

Hangouts, el chat de Gmail, aparece en la misma pantalla de su correo electrónico justo debajo del panel que muestra la organización de carpetas y que se indica en la siguiente imagen. Haga clic en el botón indicado para visualizar el chat.

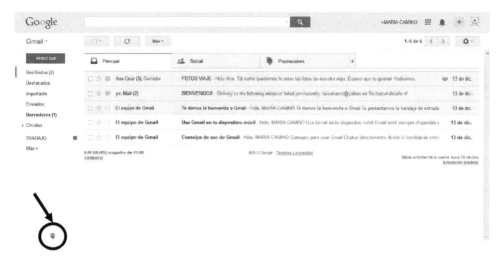

En esta primera pantalla de chat visualizará su perfil de la siguiente forma:

Para ver más opciones ahora tendrá que hacer clic sobre desplegable de su perfil desde donde podrá cambiar su foto de perfil, visualizar conversaciones, invitaciones, personas bloqueadas, etc. También puede detener el chat durante un tiempo determinado si no desea utilizarlo, o incluso silenciarlo para evitar molestias mientras trabaja.

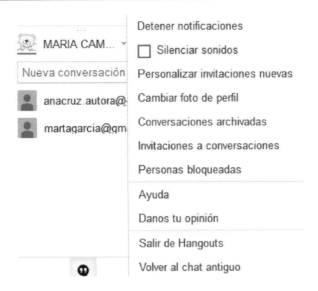

Para comenzar a chatear es tan sencillo como escribir la dirección de correo de esa persona en el recuadro destinado al efecto, señalado en la siguiente imagen; y, una vez localizada, enviarle una invitación al chat, haciendo clic en el botón **Añadir e invitar**.

Una vez que sus contactos hayan sido invitados recibirán una nota de aviso y solo si aceptan dicha invitación podrá chatear con ellos. Además, para que puedan recibir la invitación deberán ser usuarios de Hangouts. En ese caso recibirán un aviso como el que muestra la siguiente imagen:

mariacaminorivas-at-
gmail.com--
18fuz5ts307au2
ihv0qhok6740@@pu
blic.talk.google.com
quiere chatear contigo.
¿Aceptas?

| sí | no |

Una vez que hayan aceptado su invitación ya podrá comenzar a chatear utilizando la ventana que aparece en el lateral inferior derecho de su pantalla.

En esta nueva ventana el funcionamiento es muy sencillo: escriba el texto y pulse **Intro** hasta que ya no desee seguir con el chat y cierre la ventana (haciendo clic en el aspa indicada en la figura).

La persona a la que envió el chat podrá verlo en tiempo real si está disponible en ese momento y, en caso contrario, la propia ventana le indicará (tal como puede visualizar en la imagen anterior) que al no estar conectada a Hangouts verá los mensajes cuando lo haga.

Irá escuchando un sonido cada vez que entre un mensaje de otro usuario; si quiere silenciarlo hágalo desde la opción **Silenciar sonidos**, situada en el desplegable del botón de su perfil.

Si desea insertar algún emoticono puede hacerlo desde el botón indicado en la figura posterior:

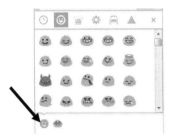

Para otras opciones haga clic en el botón 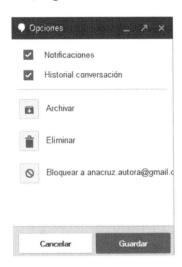 y podrá desde eliminar o archivar el chat, hasta bloquear los mensajes de ese usuario. Haga clic en la opción deseada y, posteriormente, en el botón **Guardar**. Por el contrario, si no desea aplicar ninguna de las opciones, haga clic en **Cancelar**.

Tenga en cuenta que al cerrar una conversación no estará cerrando el chat, es decir, seguirá disponible para otros usuarios que estén conectados y deseen hablar con usted. Si no lo desea, es decir, si no quiere estar disponible deberá salir del chat.

Para ello haga clic en el botón de su perfil y, posteriormente, en la opción **Salir de Hangouts**. Ahora sí estará totalmente desconectado del chat y en su panel aparecerá la imagen posterior, pudiendo volver a conectarse cuando lo considere conveniente pulsando la opción **Iniciar sesión**.

3.10.2 Conversaciones por videoconferencia

Por otro lado, si usted desea chatear con imágenes, lo que se denomina videoconferencia, también podrá hacerlo desde su cuenta de Hangouts, siempre que disponga de una cámara de vídeo para Internet, conocida habitualmente como webcam.

Para ello una vez que se encuentre en la pantalla de chat con su interlocutor haga clic en el botón **Videollamada**, señalado en la siguiente imagen:

Aparecerá una nueva ventana indicando que se está llamando al usuario. En posible que en este punto el programa le indique que para continuar necesita instalar un complemento para la videollamada. Es muy sencillo hacerlo, solo siga los pasos que se le indican y lo tendrá instalado en un momento.

Una vez instalado aparecerá una pantalla como la que se visualiza en la siguiente imagen. Desde ella podrá comenzar su videollamada haciendo clic en **Entrar**, siempre y cuando el otro usuario también disponga de una *webcam* y tenga instalado Hangouts.

El resto es muy sencillo, puede activar o desactivar la cámara, el micrófono, o salir de la videollamada cuando lo desee, utilizando los botones situados en la parte superior de la ventana.

3.11 REDES SOCIALES

Tal como se anticipó en los primeros epígrafes de este capítulo las redes sociales son comunidades virtuales de personas que intercambian experiencias y que comparten conversaciones, imágenes, vídeos, etc., a través de Internet.

En la actualidad son muy numerosas las redes sociales existentes, entre ellas Twitter, Tuenti, MySpace, Hi5, LinkedIn y la "archiconocida" Facebook, que utilizaremos a lo largo de este epígrafe para explicar el funcionamiento y utilidades de las redes sociales, ya que esta explicación es extensible al resto de las mismas.

3.11.1 Abrir una cuenta en Facebook

Para abrir una cuenta en Facebook lo primero que tendrá que hacer es escribir en la barra de direcciones de su navegador *www.facebook.com*. Visualizará una pantalla como la siguiente:

La pantalla le indica el lugar donde tendrá que introducir sus datos para poder registrarse. Tenga en cuenta que antes de abrir su cuenta en Facebook, previamente tendrá que tener abierta una cuenta de correo electrónico en cualquier servidor de correo: Gmail, Yahoo, Msn, etc.

Posteriormente, introduzca los datos que se le solicitan en esta primera pantalla y haga clic en **Regístrate**.

En la nueva pantalla que visualizará Facebook le propondrá tres pasos:

1. **Paso 1: Buscar amigos**: si lo desea podrá encontrar en Facebook amigos que se encuentren en la cuenta de correo que inscribió, introduciendo la contraseña que utilice para su dirección de correo y haciendo clic en **Buscar amigos**. Si no desea hacerlo haga clic en **Omitir este paso**.

2. **Paso 2: Información del perfil**: complete ahora los datos referentes a la escuela, universidad o empresa en la que trabaja y haga clic en **Guardar y continuar**. Si no desea completar más su pefil pulse **Omitir**.

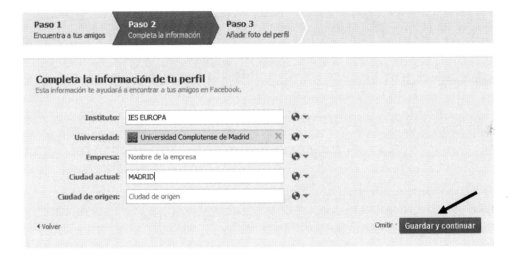

3. **Paso 3: Foto del perfil**: si lo desea introduzca ahora una foto en su perfil para que sus amistades puedan reconocerle. En este caso, si dispone de una foto suya en su ordenador, haga clic en **Subir una foto** y búsquela haciendo clic en **Examinar** y, una vez subida, haga clic en el botón **Guardar y continuar**.

En este momento ya dispone de una cuenta en **Facebook** pero para poder utilizarla tendrá que validarla. Para ello visualizará un aviso en la parte superior de la pantalla en la que se encuentra que le indicará que para completar el registro y, por tanto, validar su cuenta debe acudir a la cuenta de correo electrónico.

La misma pantalla le proporciona un botón para acceder rápidamente a su correo electrónico. Haga clic en el botón indicado en la siguiente imagen:

Acceda con su clave habitual a su correo electrónico y visualizará dos mensajes de Facebook. El primero de bienvenida y el segundo le permitirá validar su cuenta.

Nota importante: es posible que si configuró su cuenta de correo electrónico con varias pestañas[8] los mensajes que le hayan llegado estén almacenados en la pestaña **Social**, tal como muestra la imagen:

Principal	Social 2 nuevos Facebook	Promociones	+

---

[8] Ver epígrafe *Administrar etiquetas* de este mismo capítulo.

Abra el segundo mensaje y haga clic en el botón **Confirmar tu cuenta**. Autómaticamente volverá a Facebook, que dará la bienvenida con una ventana en la que te confirmará que tu cuenta ya está validada y, por tanto, lista para utilizar.

3.11.2 Acceder y salir de Facebook

Una vez que tenga abierta una cuenta en Facebook, podrá acceder y salir en el momento que lo desee.

Para acceder sitúese en la pantalla principal de la red social y, en la parte superior, introduzca el *e-mail* que utilizó para abrir su cuenta, así como la contraseña que indicó en el paso anterior; no la del correo electrónico, sino la de la cuenta de Facebook. La imagen siguiente muestra el lugar donde tendrá que introducir sus datos para posteriormente hacer clic en **Entrar**.

Una vez que se encuentra dentro de su cuenta puede salir haciendo clic en el botón de la parte superior izquierda de la pantalla y, posteriormente, en la opción **Salir**.

3.11.3 Utilidades de Facebook

Facebook dispone de una serie de utilidades que se sitúan en la parte superior derecha de la pantalla principal: **Perfil**, **Buscar amigos**, **Inicio**, **Privacidad** y **Cuenta**.

Dentro de estas utilidades o secciones se incluyen otros tantos servicios agrupados en categorías. Por ejemplo, si se sitúa en **Inicio**, puede comprobar en la imagen que el submenú que aparece en el lateral izquierdo incluye servicios como: **Te damos la bienvenida**, **Últimas noticias**, **Mensajes**, **Eventos**, **Amigos**, **Crear un grupo**, **Fotos**, etc.

De la misma forma si se sitúa en **Perfil** podrá ver en la parte central utilidades como: **Biografía, Información, Fotos, Amigos,** etc., y así sucesivamente. Podrá comprobar también que en muchas ocasiones las utilidades aparecen en varias secciones para una rápida localización.

3.11.3.1 EDITAR UN PERFIL

Ahora que ya dispone de su cuenta de Facebook es el momento de completar su perfil. Para ello, haga clic en el botón de su perfil:

Por defecto, aparece activada la pestaña **Biografía.** Si bien podrá ir pasando al resto de pestañas cuando lo desee. En dicha pestaña puede cambiar sus datos personales básicos. Teniendo en cuenta que no es obligatorio rellenar todos los campos, rellene solo en aquellos que desee y de los que esté seguro que no le importa que se hagan visibles a todos los usuarios de la red social.

Dentro del perfil también podrá situarse en la pestaña **Información**, en cuyo caso volverá a visualizar los datos que introdujo en su perfil y desde donde podrá modificarlos o ampliarlos si lo desea.

Por último, desde la pestaña **Fotos** podrá cargar fotos suyas que desee compartir con otros usuarios y, desde **Amigos**, podrá buscar a amigos de colegio o universidad, de su propia cuenta de correo electrónico, o de otras áreas de su vida.

Vaya pasando por las otras pestañas e incorporando la información que crea conveniente (películas, música, páginas que le gustan, etc.) y, cuando haya finalizado, compruebe que sus elecciones han quedado guardadas en su biografía.

En cualquier momento podrás volver a completar tu perfil de la misma forma que se ha indicado en este epígrafe.

3.11.3.2 VISUALIZAR UN PERFIL

Ahora que ya completó los datos de su perfil, o bien decidió posponer dicha tarea para un momento posterior, ya puede visualizarlo tal como lo verán el resto de los usuarios de la red social.

Para ello haga clic en el botón de su perfil y, dentro de este, en la pestaña **Biografía**. En este momento se encuentra en el conocido **Muro de Facebook**, es decir, el lugar donde se irá almacenando todo aquello que comparta con otros usuarios: pensamientos, opiniones, fotos, vídeos, etc. Todo se verá con detalle en epígrafes posteriores.

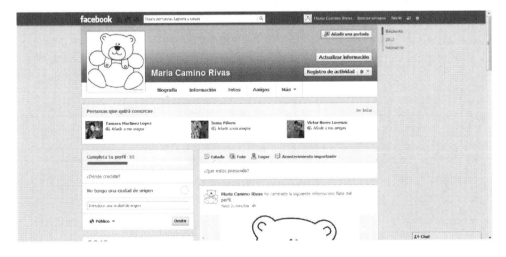

Tenga en cuenta que, salvo que lo modifique, su perfil es público, lo que significa que podrá ser visible por todos los usuarios de la Red. Si desea modificar la privacidad de las opciones de su perfil deberá ir haciéndolo con el botón **Público**, que aparece en diversos lugares del mismo. En los siguientes epígrafes podrá ver algunos ejemplos.

3.11.3.3 INCORPORAR FOTOS AL PERFIL

Para poner fotos en su perfil de Facebook tendrá que ir a la pestaña **Fotos** de su perfil. Comprobará que la primera fotografía que aparece es la de su propio perfil (si la tuviera) y el resto estará vacío. Para incorporar otras fotografías haga clic en **Crear un álbum**.

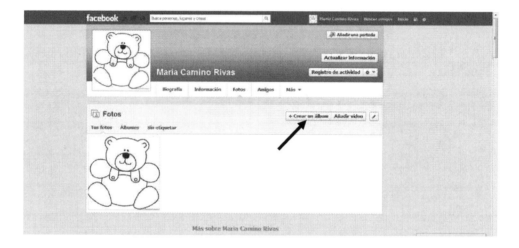

Incorpore las fotografías que considere convenientes, seleccionándolas desde el dispositivo en el que las tenga archivadas y haciendo clic en **Publicar fotos**. Igual que en otras ocasiones, puede elegir la privacidad que desee para sus fotografías haciendo clic en el botón de privacidad contiguo al de publicar, marcados ambos con un óvalo en la siguiente imagen:

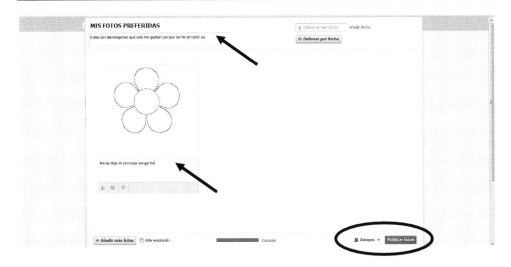

Desde la parte superior de esta misma ventana podrá dar un nombre a su álbum y escribir un texto descriptivo del mismo. Igualmente puede incorporar un texto a cada una de las fotografías que vaya incorporando, utilizando el cuadro de texto ubicado debajo de las mismas; están señalados ambos con una flecha en la imagen anterior.

Y, por último, si desea incorporar más fotografías a su álbum haga clic en el botón **Añadir más fotos**, situado en la zona inferior izquierda de la ventana, siguiendo el mismo procedimiento que para las anteriores.

También puede añadir una portada a su perfil haciendo clic en el botón **Añadir una portada** de su biografía. Dicho botón le ofrecerá dos posibilidades: subir una fotografía de las que ya tenga en alguno de su álbumes o bien cargarla de nuevo desde su explorador.

En cualquiera de los casos una vez que la haya seleccionado la aplicación la instalará pero antes le preguntará si desea guardar los cambios. Si es así haga clic en **Guardar cambios** y si desea buscar otra fotografía haga clic en **Cancelar** y comience de nuevo el proceso.

Al igual que en ocasiones anteriores, Facebook le posibilita precisar la privacidad que desea para este nuevo cambio haciendo clic en el botón **Público**, señalado en la imagen anterior.

3.11.3.4 BUSCAR AMIGOS

Por último, si lo que desea hacer desde su muro de Facebook es buscar amigos dispone de varias alternativas:

1. Una alternativa para encontrar amigos es desde la sección **Buscar personas, lugares y cosas** de la pantalla principal.

   Encuentre a sus amistades simplemente escribiendo su nombre en el buscador que le proporciona dicha sección y haciendo clic en el botón de la lupa que se indica en la imagen siguiente:

   El buscador de amigos de Facebook le proporcionará varios resultados entre los que tendrá que localizar a la persona que busca, como se visualiza en la figura posterior. Cuando la encuentre haga clic en **Añadir a mis amigos**.

A continuación visualizará la misma pantalla pero ahora el botón **Añadir a mis amigos** habrá cambiado por **Solicitud de amistad enviada**.

Ana Cruz
🎓 Estudió en Universidad Complutense de Madrid

Envía un mensaje

+1 Solicitud de amistad enviada

También podrá enviar un mensaje haciendo clic en la opción **Envía un mensaje**, y aparecerá una ventana como la que se visualiza en la siguiente imagen. Escriba el texto y haga clic en **Enviar**.

Si no desea enviar ningún mensaje, tan solo cierre la ventana.

La persona a la que haya enviado la solicitud de amistad tendrá una notificación en su perfil de Facebook, igual a las que usted recibirá cuando otros usuarios le inviten a ser sus amigos.

Para visualizarla haga clic sobre el botón marcado en la imagen anterior y podrá ver, a la vez que confirmar, dicha solicitud haciendo clic en el botón **Confirmar**. Si, por el contrario, no desea aceptar esa solicitud o bien prefiere posponerla haga clic en el botón **Más tarde**.

2. Otra alternativa para encontrar amigos es haciendo clic en **Amigos** de la pantalla principal de su perfil. Este botón además le indicará el número de amigos con los que cuenta, en el caso de la imagen puede verse (1).

Una vez que haga clic en el botón, accederá a una nueva ventana en la que podrá ver el listado de sus amigos. Si desea verlos todos tenga activada la pestaña **Todos mis amigos** y si solo desea que le muestre los recientemente incorporados tenga activada la pestaña **Añadidos recientemente**. En este ejemplo como solo disponemos aún de un amigo, en ambas pestañas visualizará las mismas personas.

Igualmente desde esta ventana podrá buscar otros amigos y enviarles solicitudes de amistad. Para ello haga clic en el botón **Buscar amigos** señalado con una flecha en la imagen anterior. En este caso Facebook le sugerirá una lista de amigos (probablemente amigos de sus amigos) para que pueda enviarles solicitudes de amistad. Proceda de la misma forma que lo hizo en el apartado anterior.

3. Una tercera alternativa para encontrar amigos es haciendo clic en el botón **Buscar Amigos** señalado en la imagen inferior. Al hacer clic le llevará a la misma pantalla que en el epígrafe anterior, por lo que podrá proceder de la misma manera.

4. También puede buscar amigos desde una pantalla a la que le llevará Facebook directamente cuando detecte que está buscando amigos. Esta pantalla le permitirá encontrar los amigos que están en la red de Facebook y que procedan de su propia dirección de correo electrónico.

Desde la pantalla anterior, una vez indique su correo electrónico y su contraseña, Facebook accederá a su correo electrónico y buscará a los contactos de su cuenta de correo en la propia red de Facebook para que pueda enviarles una solicitud de amistad. Utilice esta opción solo si está seguro/a de querer que Facebook realice esta operación, ya que debe tener en cuenta que la contraseña que indique debe ser la de su correo electrónico.

Si no desea utilizar o visualizar esta pantalla puede cerrarla haciendo clic en el aspa marcado en la imagen.

5. Y, por último, una manera muy cómoda de enviar solicitudes de amistad es accediendo a las sugerencias que hace el propio Facebook desde la ventana principal de su perfil, en la opción **Personas que quizá conozcas**. Si alguna de las personas sugeridas pueden ser amigos suyos solo tiene que envíales una solicitud por el procedimiento habitual, es decir, haciendo clic en **Añadir a mis amigos**.

3.11.3.5 ACEPTAR AMIGOS

De la misma forma que usted envía solicitudes de amistad, otras personas le encontrarán en Facebook y se las enviarán a usted. Cuando esto suceda recibirá una notificación de aviso, tanto en el correo electrónico al que tiene asociada su cuenta, como en el propio Facebook, a través de los iconos situados en la parte superior de la portada y que puede ver en la siguiente imagen:

Aquí puede encontrar tres iconos diferentes:

- Solicitud de amistad.
- Mensajes.
- Notificaciones.

Estos iconos le indicarán con un número la actividad que ha tenido. Al hacer clic sobre cada uno de ellos aparecerá un desplegable con la actividad que se ha generado y al cerrarlo inmediatamente desaparecerá el número que indicaba la actividad pendiente.

En el caso de tener pendiente alguna solicitud de amistad haga clic en el botón ![] y se desplegará el panel con la información sobre la misma, además de un "subpanel" con sugerencias de otras posibles amistades a las que puede enviar solicitudes.

Si desea aceptar la solicitud de amistad que le han enviado haga clic en **Confirmar**, señalado en la siguiente imagen y, por el contrario, si no desea aceptarla o desea hacerlo en otro momento haga clic en **Más tarde**.

Por otro lado, el icono ![] le permite visualizar notificaciones de Facebook que le informarán, por ejemplo, de que una persona ha aceptado su solicitud de amistad.

3.11.3.6 ENVIAR Y RECIBIR MENSAJES DE AMIGOS

Para enviar un mensaje personal a un amigo haga clic sobre su icono y podrá ver su perfil. Una vez allí haga clic en **Mensaje** y se abrirá una pequeña ventana en la parte inferior derecha de su pantalla. Escriba el texto que desea enviar a su amigo y pulse la tecla **Intro**. A su amigo le aparecerá una nota en el icono **Mensajes**, tal como muestra la siguiente imagen:

Haciendo clic sobre el icono de mensajes podrá ver un panel en el que aparecerá el mensaje recibido, así como otros mensajes que hubiera recibido con anterioridad.

Abriendo el mensaje aparecerá de nuevo la ventana desde la que podrá contestar a sus amigos de manera directa y personal; tenga en cuenta que estos mensajes son privados, solo podrá verlos usted y la persona implicada.

3.11.3.7 COMPARTIR INFORMACIÓN CON SUS AMIGOS

El botón **Inicio** le permitirá compartir con otros usuarios todo aquello que publique en el mismo. De esta forma sus amigos podrán ver cualquier texto que escriba, fotografía o vídeo que cargue, enlaces a web que indique, etc. De la misma forma podrá visualizar todo lo que publiquen sus amigos.

Y todo ello desde los botones que se visualizan en la siguiente figura:

Para publicar un texto en Facebook escríbalo en el cuadro de texto **¿Qué estás pensando?** situado en la opción **Estado** del **Muro**, como muestra la siguiente imagen, y haga clic en el botón **Publicar**.

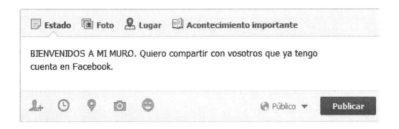

Facebook incorpora un botón que le permitirá indicar si desea que su publicación sea visible para todos los usuarios de la red social o si, por el contrario, desea elegir las personas que pueden verlo. Para ello haga clic en el desplegable del botón **Público** y elija su opción de privacidad.

En cualquier caso, una vez confirme la publicación del texto, éste aparecerá en su muro y será visible por todos aquellos a los que dio permiso para hacerlo. En este caso, al elegirse la opción **Público**, la publicación visualizada en la siguiente imagen será visible para todos los usuarios de la red.

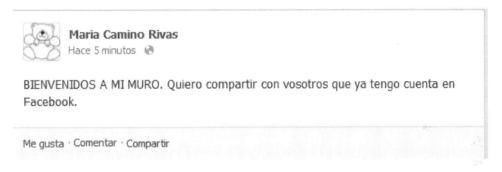

No solo podrá publicar textos, sino que puede subir fotografías, enlaces, lugares en los que está ubicado, etc. Solo tiene que hacerlo desde el botón correspondiente de la ventana:

Todas las publicaciones que vaya haciendo se irán subiendo a su muro, que podrá visualizar haciendo clic en el botón principal de su perfil. Allí aparecerán tanto las que publique como las que comente o comparta de otros amigos.

Compartir una información que otros usuarios hayan dejado en su propio muro es muy sencillo. Haga clic en el botón **Inicio** y podrá visualizar, listadas en un determinado orden, las informaciones que sus amigos hayan ido publicando. Estas publicaciones pueden aparecer con texto, fotografías, enlaces, etc.

En la parte inferior de cada publicación aparecen tres botones como los siguientes:

- Me gusta.

- Comentar.

- Compartir.

Con los botones **Comentar** y **Compartir** puede hacer comentarios de lo que otros amigos publicaron o simplemente compartirlo. En ambos casos aparecerá publicado en su muro. Hacer clic en **Me gusta** solo implica que la persona que haya publicado verá que a usted le gusta su publicación pero no aparecerá como información en el muro.

3.11.3.8 ELIMINAR DEL MURO

Si por alguna razón se arrepiente de lo que publicó en el muro y desea eliminarlo podrá hacerlo situándose con el ratón sobre su publicación y pasando por encima de la parte superior derecha de la misma hasta que aparezca una flecha desplegable como la que se visualiza en la imagen.

Haga clic sobre ella y, a continuación, en la opción **Eliminar...**.

Capítulo 4

PROCESADOR DE TEXTOS: WORD 2010

Un procesador de textos es una herramienta que permite redactar cualquier tipo de documento en el que se podrá incluir tanto texto, como imágenes, tablas, etc., por ejemplo: cartas, informes, memorias…

La pantalla principal del procesador de textos Word 2010 es la que muestra la siguiente figura:

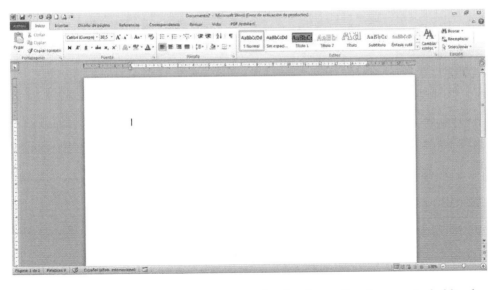

No obstante, antes de comenzar a detallar las aplicaciones más habituales que se utilizan con este software comenzaremos por revisar las operaciones y las herramientas más básicas.

4.1 ABRIR WORD

Para abrir el programa sitúese con el ratón en el botón **Iniciar** y haga un solo clic en él para visualizar la ventana que muestra la siguiente imagen:

A continuación siga los pasos que se le indican y que se visualizan en la siguiente figura:

1. Pulse la opción **Todos los programas** señalada en la imagen.

2. En el desplegable busque la opción Microsoft Office y sitúese sobre ella.

3. En el siguiente desplegable busque la opción Microsoft Office Word 2010 y sitúese sobre ella.

4. Posteriormente, haga un clic con el ratón y espere hasta que se abra el programa Word 2010.

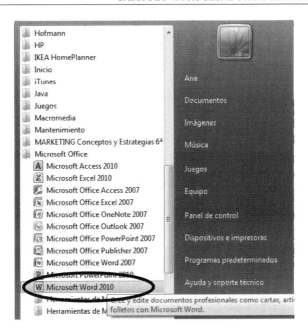

4.2 APARIENCIA DE WORD

Una vez abierto Word 2010 visualizará la pantalla mostrada al principio del capítulo cuyos elementos analizamos a continuación:

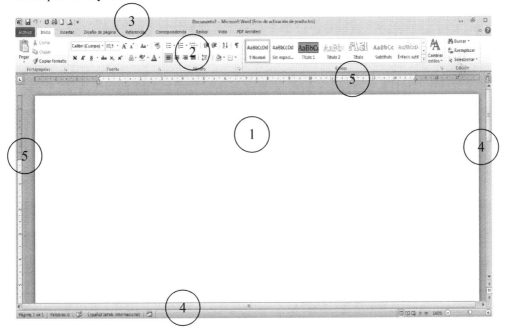

1. **Área de trabajo**: es el espacio del que dispone para redactar sus documentos, es decir, la representación de la hoja de papel en la que escribe y que podrá imprimir con posterioridad, tal cual la visualiza.

2. **Cinta de opciones**: contiene los botones con todas las funciones del programa Word 2010, organizadas en pestañas o fichas de comandos marcadas en la figura (Inicio, Insertar, Diseño de página, etc.). Para visualizar los botones (o comandos) de que dispone cada ficha haga clic en ella y se modificarán en la cinta de opciones.

2.1. **Barra de Título**: situada en la parte superior de la pantalla, contiene el nombre del documento en el que está trabajando, así como el nombre del programa y, a su vez, dispone de otros dos elementos:

2.2. **Pestaña Archivo**: pulsando sobre esta pestaña aparece la ventana que se muestra en la siguiente figura, desde la que podrá acceder a los comandos de gestión del procesador de textos más utilizados como son abrir, cerrar, guardar, imprimir, etc.

En la zona central de la ventana visualizará **Información** acerca del documento en el que esté trabajando o contenido referente al comando que tenga activado en dicha pestaña.

3. **Barra de herramientas de acceso rápido**: muestra los comandos más utilizados en el trabajo con Word como guardar, abrir, deshacer, etc. Para mostrar u ocultar los botones deberá hacer clic en la flecha desplegable que se señala en la siguiente figura:

Al hacer clic en el botón ⁼ aparecerá el siguiente menú contextual, en el que podrá activar o desactivar botones según sus necesidades, tan solo haciendo clic en la opción deseada.

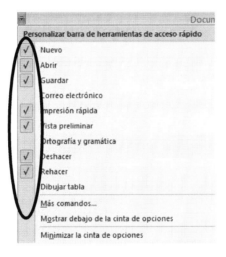

4. **Barras de desplazamiento**: aparecen tanto vertical como horizontalmente para desplazarse por el documento con el que esté trabajando, si no lo visualiza al completo. Para realizar este desplazamiento tiene dos opciones:

- Hacer clic con el botón izquierdo del ratón sobre cualquier punto de la barra y, sin soltarlo, moverlo hacia arriba, abajo, derecha o izquierda, según lo desee.

- Hacer clic sucesivamente en las flechas que aparecen en los extremos de dichas barras.

5. **Reglas**: al igual que las barras de desplazamiento aparecen tanto vertical como horizontalmente y resultan muy útiles para fijar o modificar los márgenes de su documento.

Si no las visualiza y desea hacerlo o, por el contrario, las visualiza pero no lo desea, puede hacer clic en el botón situado en la parte derecha de la regla horizontal, que se señala en la siguiente figura:

También puede activar y desactivar las reglas, haciendo clic en la pestaña **Vista** y pulsando la opción **Regla**, señalada en la figura:

4.3 CERRAR WORD

Para cerrar el programa Word 2010 dispone de dos opciones:

- Haciendo clic en el aspa ✖ que aparece en la parte superior derecha de la ventana de Word.

- Haciendo clic en la pestaña **Archivo** y pulsando la opción **Cerrar**. En este caso se cerrará el documento que tiene activo y quedará abierto el programa. Para cerrarlo haga clic en el aspa indicado en la opción anterior.

Tenga en cuenta que si se dispone a cerrar Word y realizó cambios en el documento con el que esté trabajando, el programa le preguntará si desea guardarlos, tal y como muestra la siguiente figura:

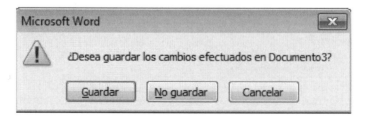

Si le indica **No guardar** el programa se cerrará sin guardar los cambios que haya realizado en su documento pero si, por el contrario, le indica **Guardar** el programa le mostrará una nueva ventana con la que podrá guardar el documento en la carpeta deseada y que se verá con detalle en el último epígrafe de este capítulo. Por último, si pulsa la opción **Cancelar** el programa no efectuará ninguna operación.

4.4 EJERCICIO PRÁCTICO

Para mejor comprensión de los epígrafes referentes a las operaciones básicas con el procesador de textos Word 2010, siga las instrucciones que se le indican a continuación:

1. Abra el programa Word 2010

2. Haga clic en la Ficha **Diseño de página** y compruebe que cambian los botones de comandos situados en la cinta de opciones.

3. Vuelva a la ficha **Inicio** y compruebe que los botones de comando vuelven a cambiar.

4. Realice el mismo paso sucesivamente con las distintas fichas que componen la cinta de opciones.

5. A continuación, haga clic en la flecha desplegable que aparece en la **Barra de herramientas de acceso rápido** y mantenga activadas las opciones **Nuevo**, **Guardar**, **Deshacer** y **Rehacer**.

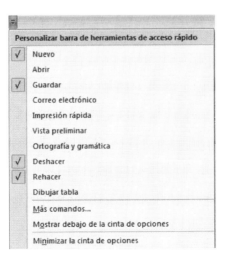

Su **Barra de herramientas de acceso rápido** mostrará los botones:

6. De nuevo despliegue la flecha que aparece en la **Barra de herramientas de acceso rápido** y desactive los botones **Deshacer** y **Rehacer**.

Así mismo, active los botones **Abrir**, **Impresión rápida** y **Vista preliminar**. Su barra quedará de la siguiente forma:

7. Repita esta operación hasta colocar los botones que le sean más útiles para su trabajo con Word 2010.

8. A continuación, haga clic en el botón **Regla** varias veces para comprobar que tanto la regla horizontal como la vertical desaparecen y aparecen a medida que pulsa el botón.

Nota Importante: según su elección, deje la regla visible o no. No obstante, le aconsejamos que para un mejor manejo del procesador de textos es conveniente mantenerla siempre visible.

9. Por último, pulse la pestaña **Archivo** y haga clic en la opción **Cerrar**, tal como muestra la figura:

10. Pulse la opción **No guardar** cuando aparezca la ventana de guardar cambios y habrá cerrado el documento y el programa Word 2010.

4.5 CREAR DOCUMENTOS EN WORD

Como ya se ha tratado en un epígrafe anterior, una vez que haya abierto Word aparecerá una pantalla en blanco (hoja de papel) a la que se denomina *Área de trabajo*, que será la zona destinada a escribir el texto que desee.

Por otro lado, al comienzo de la hoja, aparece un trazo vertical parpadeante que marca el punto en el que aparecerá el texto que se escriba. Este trazo, señalado en la figura inferior, se denomina cursor y, una vez que tenga texto escrito, podrá desplazarlo al lugar de la hoja que desee para comenzar en el lugar donde esté situado la escritura.

Por último, si mueve el ratón por la zona de fuera del área de trabajo (sobre cualquiera de las barras o botones de comandos) aparecerá un pequeño icono, normalmente en forma de flecha, que es el puntero del ratón y que se moverá al tiempo que desplace el ratón sobre una superficie.

4.5.1 Introducir texto

Para introducir texto en su hoja solo tiene que dirigirse al teclado y comenzar a hacerlo. Es interesante que se familiarice con él lo antes posible, para lo cual le facilitamos las siguientes indicaciones, indicando en la siguiente figura el lugar exacto que ocuparán en su teclado.

1. **Tecla Intro**: se encuentra situada tanto en la zona alfanumérica del teclado como en la parte derecha del teclado numérico. Tenga en cuenta que, a medida que vaya escribiendo el texto, Word lo ajustará al ancho de línea; en consecuencia, no es necesario pulsar **Intro** para pasar a la siguiente línea. Solo debe pulsar la tecla **Intro** para terminar un párrafo, por ejemplo, un punto y aparte o para dejar líneas en blanco entre párrafos.

2. **Teclas de borrado:** durante la escritura es posible cometer errores, en cuyo caso hay que borrar los caracteres erróneos. Ambas teclas borran la escritura, con la única diferencia de que la tecla **Supr** borra los caracteres situados a continuación del lugar en el que se encuentra el cursor, mientras que la tecla de **Retroceso** borra los caracteres situados a la izquierda del texto.

3. **Teclas de mayúsculas:** manteniendo pulsadas cualquiera de estas teclas al mismo tiempo que cualquier otra letra, aparecerá ese carácter en mayúsculas, hasta que la suelte, en cuyo caso la escritura continuará en minúsculas.

4. **Tecla bloqueo de mayúsculas:** pulse esta tecla cuando desee escribir un texto todo en mayúsculas sin necesidad de mantener pulsadas las teclas anteriores. Cuando desee volver a la escritura normal vuelva a pulsar esta tecla.

5. **Barra espaciadora:** sirve para dejar espacios en blanco entre palabras.

4.5.2 Seleccionar un texto

Previamente a realizar cualquier modificación en un texto (cambiar el tipo o el tamaño de la letra, poner en negrita, subrayar, etc.) es necesario que el texto sea seleccionado.

Para seleccionar un texto con el ratón, solo tiene que situar el cursor al inicio o al final del texto que desee seleccionar y, sin soltar el botón, arrastrarlo sobre él hasta donde desee llegar en cuyo caso ya puede soltar el ratón.

No obstante, existen otras opciones para realizar la operación de selección:

- Si desea seleccionar una sola palabra haga un doble clic sobre ella.

- Si desea seleccionar un párrafo entero haga triple clic encima de algún punto del mismo.

- Para seleccionar letra a letra puede pulsar la tecla **Mayús** e ir moviéndose con las flechas del teclado hacia donde desee finalizar la selección.

La figura muestra seleccionada la palabra "PROCESADOR". Puede comprobar que dicha palabra aparece sobremarcada para destacarla del resto.

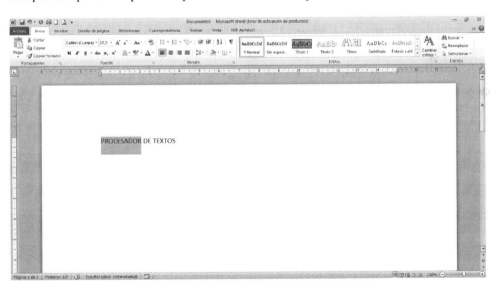

Para salir de la selección, solo tiene que hacer clic con el ratón en cualquier otro punto de su documento e inmediatamente desaparecerá la selección.

4.5.3 Deshacer/Rehacer

Para deshacer una acción en la que haya cometido un error al escribir puede deshacerla con el botón **Deshacer** de la **Barra de herramientas de acceso rápido** y si una vez deshecha la acción desea recuperarla de nuevo, haga clic sobre el botón **Rehacer** de la misma barra.

Si no visualiza los mencionados botones, recuerde que puede hacerlo activando las opciones en la propia **Barra de herramientas de acceso rápido**, tal y como se vio en epígrafes anteriores.

4.5.4 Copiar, Cortar y Pegar

Los comandos **Copiar**, **Cortar** y **Pegar** se encuentran en el grupo **Portapapeles** de la pestaña **Inicio**, tal como se indica en la siguiente imagen:

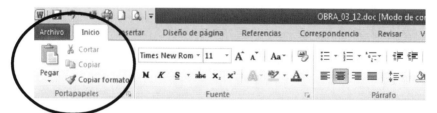

Mediante estas opciones podrá mover textos e imágenes dentro del mismo documento, o bien a otros documentos diferentes del mismo u otros programas.

En cualquier caso, es importante que distinga entre los comandos **Copiar** y **Pegar**:

1. **Copiar**: este comando sirve para repetir un bloque de texto en distintas zonas del documento. Cuando utilice esta opción la parte del texto seleccionada no desaparecerá y la podrá repetir en cualquier lugar del texto (de este u otro documento) tan solo pulsando la opción **Pegar**.

2. **Cortar**: este comando sirve para trasladar un bloque de texto de un lugar a otro. Con esta opción el texto seleccionado desaparece y queda copiado en el lugar que desee con la opción **Pegar**.

Nota importante: los comandos **Copiar** y **Cortar** solo se activan una vez haya seleccionado un texto. En caso de que aún no lo haya hecho, los botones se visualizarán, pero desactivados (con un color más tenue, como muestra la imagen superior), lo que significa que aún no tienen ningún texto que poder copiar o cortar.

4.5.5 Guardar un documento de Word

Una de las funciones más útiles de Word (y de otras muchas aplicaciones) es la posibilidad de guardar un documento para luego recuperarlo.

Es muy importante que guarde siempre los documentos que esté utilizando para no perder la información que contengan. Para ello, deberá siga los pasos que se indican a continuación.

4.5.5.1 GUARDAR UN DOCUMENTO NUEVO

1. Haga clic en la pestaña **Archivo** y, posteriormente, en la opción **Guardar como**, tal como muestra la siguiente figura:

2. A continuación, aparecerá una nueva ventana como la que muestra la imagen:

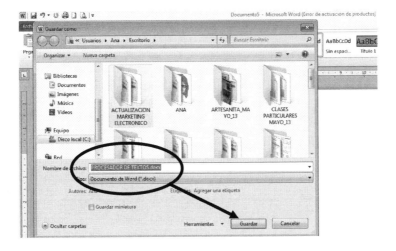

3. Busque la carpeta donde quiera guardar su documento y haga doble clic sobre ella, hasta que aparezca en la parte superior de la ventana, concretamente en la opción **Guardar en**.

4. A continuación, ponga un nombre a su documento en la opción **Nombre de archivo** y haga clic en el botón **Guardar**.

4.5.5.2 GUARDAR UN DOCUMENTO YA EXISTENTE

En este caso, los cambios que haya efectuado sobre el documento en el que se encuentre quedarán nuevamente guardados con los cambios introducidos y el anterior documento desaparecerá.

Para ello simplemente tendrá que hacer clic en el botón **Guardar** de la **Barra de acceso rápido**, o bien mediante la opción **Guardar**, que se encuentra haciendo clic en la pestaña **Archivo**.

4.5.5.3 GUARDAR UN DOCUMENTO NUEVO Y CONSERVAR OTRO EXISTENTE

En el caso que desee crear un documento sobre otro ya existente y guardar el nuevo, sin que desaparezca el anterior, debe seguir los pasos indicados:

1. Cuando haya efectuado cambios sobre el documento ya existente que desee conservar, haga clic en la opción **Guardar como** de la pestaña **Archivo**.

2. Posteriormente, ponga un nombre al nuevo documento y haga clic en el botón **Guardar**.

3. De esta forma ahora tendrá dos documentos guardados, el que ya tenía y el nuevo que creó.

4.5.6 Cerrar un documento

Si desea cerrar un documento que mantiene abierto solo tendrá que hacer clic en el aspa que aparece en la parte superior derecha de su ventana de Word 2010 o en la opción **Cerrar** de la pestaña **Archivo**. Si efectuó modificaciones, el propio programa le preguntará si desea guardarlas en una ventana como la que muestra la imagen. En el caso que desee hacerlo haga clic en **Guardar** y le remitirá a la ventana de **Guardar como**, ya explicada en un epígrafe anterior; en caso contrario haga clic en **No guardar** y su documento desaparecerá.

4.5.7 Abrir un documento existente

Una vez que haya guardado debidamente sus documentos, podrá recuperarlos en el momento que lo desee desde el botón **Abrir** de la **Barra de acceso rápido**, o bien desde la opción **Abrir**, situada en la pestaña **Archivo**.

En cualquiera de los dos casos Word mostrará una ventana similar a **Guardar como** pero que este caso se denomina **Abrir**, como puede comprobar en la siguiente figura. Ahora solo tiene que buscar la carpeta en la que encuentra su documento, seleccionarlo (haciendo un solo clic sobre el nombre) y hacer clic en el botón **Abrir**.

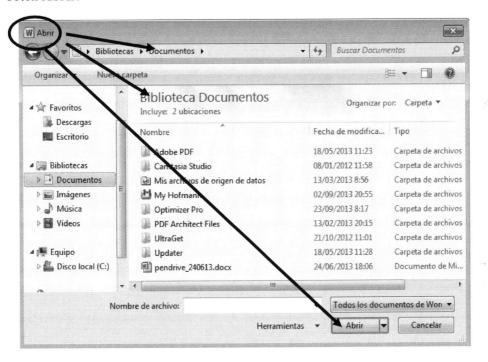

4.5.8 Abrir un documento nuevo

Si ya guardó su documento y desea abrir otro nuevo, tan solo tendrá que hacer clic en el botón **Nuevo** de la **Barra de acceso rápido**.

Inmediatamente aparecerá una hoja en blanco en la que podrá comenzar de nuevo el proceso de crear un documento.

4.6 EJERCICIO PRÁCTICO

Para una mejor comprensión de los epígrafes referentes a la creación de documentos en el procesador de textos Word 2010 siga las instrucciones que se le indican a continuación:

1. Abra un documento nuevo.

2. Inserte el texto que la siguiente imagen le muestra:

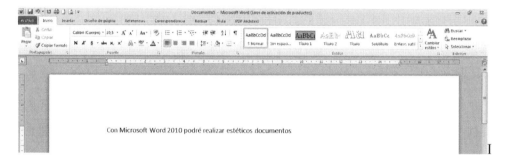

3. Haga clic en el botón **Deshacer** de la **Barra de acceso rápido** y compruebe que Word va deshaciendo sus pasos.

4. Haga clic en el botón **Rehacer** hasta que volviendo sobre sus pasos su texto quede íntegro.

5. Seleccione con el ratón el texto *Microsoft Word* y, posteriormente, quite la selección haciendo clic en cualquier otro punto del documento.

6. Haga clic en el botón **Cerrar** y no guarde los cambios.

7. Repita el mismo proceso hasta el punto 5 y, posteriormente, haga clic en la opción **Guardar como** de la pestaña **Archivo**.

8. Ponga un nombre a su documento y guárdelo en la carpeta de su PC que desee.

9. Abra de nuevo su documento y ciérrelo sin guardar los cambios.

4.7 DAR FORMATO AL DOCUMENTO

En este epígrafe aprenderá a convertir sus archivos de texto básicos en aparentes documentos mediante opciones muy fáciles de utilizar.

4.7.1 Fuente

Encontrará los comandos destinados a cambiar el formato de su documento en el grupo **Fuente**, de la ficha **Inicio**, en la **Cinta de opciones** de Word, mostrado la figura:

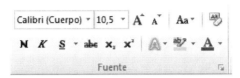

Este grupo de opciones le ofrece la posibilidad de cambiar:

- Tipo de letra y tamaño.

- Estilos de letra.

- Estilos de subrayado.

- Color de letras y subrayados.

- Efectos de las letras.

- Espacio entre caracteres, etc.

Previamente a realizar cualquier acción del grupo **Fuente** de la ficha **Inicio**, recuerde que deberá seleccionar el texto al que desee darle formato de la forma que se indica en la siguiente imagen:

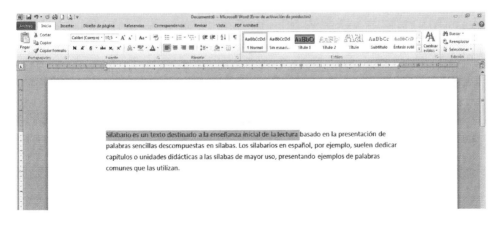

Posteriormente, haga clic en el comando que desee y su texto cambiará a ese formato indicado, tal como muestra la siguiente figura con el botón 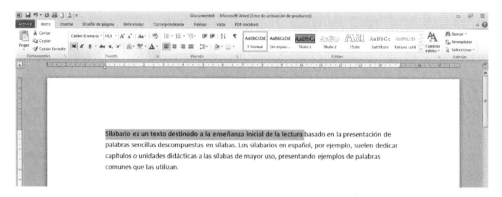 **Negrita**.

Puede hacer lo mismo con el resto de botones incluidos en el grupo **Fuente**. A continuación, se especifican los más habituales:

- **Tipo de fuente**: se utiliza para cambiar el tipo de letra con el que está escribiendo su documento.

  Para ello, seleccione el texto y haga clic en la flecha desplegable que se indica en la imagen. A continuación, desplace el ratón sobre los diferentes tipos de letra que se le ofrecen y el texto irá adaptándose a ella hasta que seleccione la elegida haciendo clic sobre ella, tal y como muestra la figura.

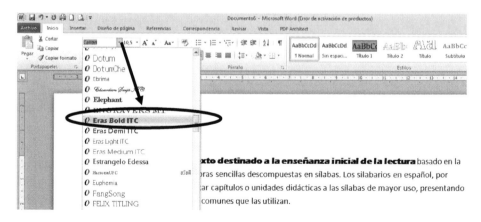

- **Tamaño de fuente**: con esta opción podrá variar el tamaño de la letra con la que está escribiendo, de la misma forma que lo hizo con el tipo de fuente y tal como muestra la siguiente imagen:

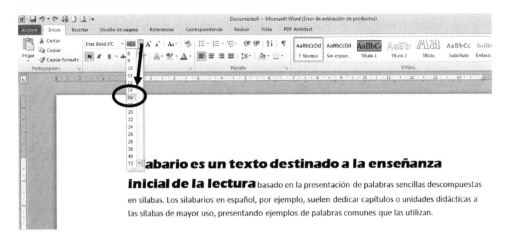

abario es un texto destinado a la enseñanza

inicial de la lectura basado en la presentación de palabras sencillas descompuestas en sílabas. Los silabarios en español, por ejemplo, suelen dedicar capítulos o unidades didácticas a las sílabas de mayor uso, presentando ejemplos de palabras comunes que las utilizan.

- **Color de fuente:** con esta opción podrá cambiar el color que aplica a la fuente con la que está escribiendo su texto.

Para ello seleccione el texto y haga clic en la flecha desplegable del botón **Color de Fuente** y, a continuación, marque con el ratón el color con el que desea escribir, tal como muestra la siguiente figura:

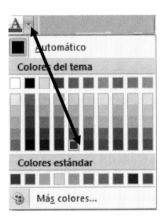

- **Resaltado de texto:** con este botón podrá resaltar en el color deseado el texto que seleccione.

Para ello, selecciónelo y, seguidamente, haga clic en la flecha desplegable del botón y marque el color en el que prefiera resaltar dicho texto, tal como muestra la siguiente figura:

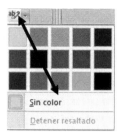

Negrita, Cursiva y Subrayado: estos tres botones 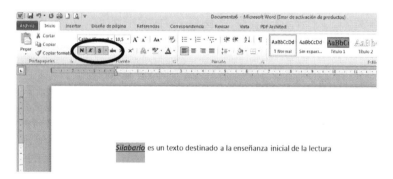 son, probablemente, unos de los que más utilizará en la confección de sus documentos. Respectivamente, marcan el texto seleccionado en **Negrita**, lo ponen en letra **Cursiva**, o bien trazan un **Subrayado** bajo el texto.

Para ello, seleccione el texto y haga clic en el botón que corresponda. En la siguiente imagen se muestra un texto en el que han sido pulsadas las tres opciones:

- **Cambiar mayúsculas a minúscula:** este botón **Aa** le permitirá pasar un texto seleccionado a mayúsculas, minúsculas u otras formas habituales. Para su uso solo ha de seleccionar el texto y hacer clic en la opción deseada, tal como muestra la siguiente imagen:

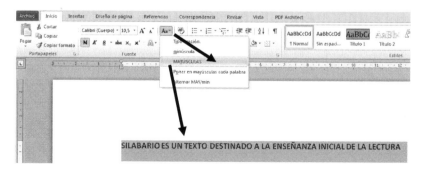

- **Agrandar**, **encoger fuente:** estos botones A˄ A˅ le permitirán aumentar y disminuir el tamaño de la fuente de forma automática, sin necesidad de acudir a la opción **Tamaño de fuente**. Solo tiene que seleccionar el texto y hacer clic sucesivamente en los botones hasta alcanzar el tamaño deseado.

- **Efectos de texto:** este botón A˅ le permitirá resaltar de forma especial sus textos con efectos visuales (sombras, reflejos, iluminación, etc.) como los que muestra la siguiente imagen:

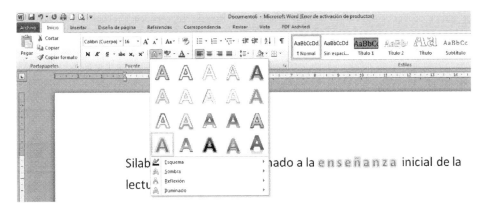

Para su utilización seleccione un texto y haga clic en la flecha desplegable del propio botón. Aparecerán visibles varias opciones de efectos que podrá aplicar a su texto tan solo haciendo clic sobre la que desee.

Así mismo, si desea introducir modificaciones en el efecto deseado pruebe a hacer clic en algunas de las opciones de **Sombra**, **Reflexión** o **Iluminado** incluidas en el botón **Efectos de texto**.

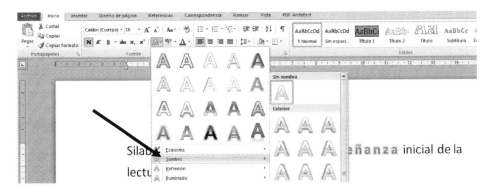

Nota importante: la opción **Efectos de texto** solo está disponible a partir de la versión 2010 de Microsoft Word, por lo que si mantiene abierto un documento realizado en alguna versión anterior, este botón aparecerá desactivado.

Para activarlo deberá convertir haciendo clic en la pestaña **Archivo** y, posteriormente, en la opción **Modo de compatibilidad**, hacer clic en **Convertir**, tal como muestra la siguiente figura. Seguidamente, aparecerá una ventana de compatibilidad. Para finalizar su proceso haga clic en **Aceptar**.

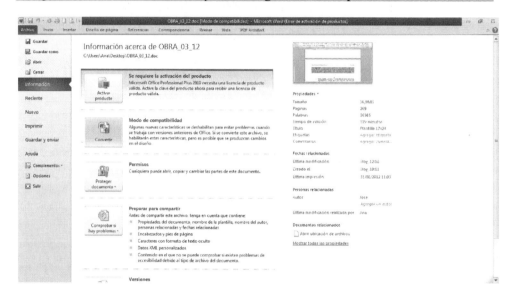

- **Borrar formato:** este botón  podrá utilizarlo cuando desee borrar completamente el formato que le dio a un texto. Solo tiene que seleccionarlo y pulsar dicho botón.

4.7.2 Párrafo

Los comandos destinados a dar formato a los párrafos que componen su texto, se encuentran en el grupo **Párrafo**, de la ficha **Inicio**, de la **Cinta de opciones**.

Nota importante: un párrafo está formado por un texto de varias líneas que finaliza en un punto y aparte. Al introducir texto y llegar al final de una línea, Word pasará automáticamente a la siguiente línea, es decir, no es necesario que pulse la tecla **Intro** al finalizar la línea, pues el propio programa lo hará por usted. Solo deberá pulsar **Intro** cuando, al finalizar el párrafo completo, desee cambiar de línea y de párrafo.

El grupo de opciones de **Párrafo** le ofrece diversas posibilidades como son:

- Alineaciones de párrafos.

- Interlineados.

- Espaciados.

- Numeraciones y Viñetas.

- Sangrías.

- Tabulaciones.

A continuación se especifican las acciones más habituales de este grupo de comandos:

- **Alineación de Párrafo:** es la colocación del texto respecto a los márgenes derechos e izquierdos de la página.

  Puede utilizar esta opción desde los botones ▤ ▤ ▤ ▤ que, respectivamente, alinearán el texto que tenga seleccionado a la izquierda, en el centro, a la derecha o de manera justificada en la hoja.

Nota importante: un texto justificado significa que el programa alineará el mismo tanto a la derecha como a la izquierda de la hoja, de forma que no queden espacios libres en ninguna de ambas zonas y, por tanto, el documento sea visualmente mucho más estético.

En la siguiente figura se visualiza un mismo texto (que se ha copiado y pegado hasta tres veces) al que se ha aplicado cada una de las cuatro opciones de alineación por el orden en que aparecen:

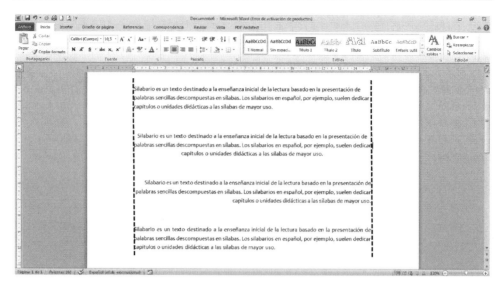

Puede comprobar, mediante la línea de puntos imaginaria que se ha trazado, que en cada caso el texto aparece alineado en la parte del documento que se le ha indicado con el botón correspondiente y que, respectivamente, son **Izquierda**, **Centro**, **Derecha** y **Justificado.**

- **Interlineado de Párrafo:** esta opción le permitirá establecer el espacio que desea entre una línea y otra de un párrafo. Para ello sitúese con el cursor en cualquier punto del párrafo al que desea aplicar esta opción (o bien seleccione el párrafo) y, posteriormente, haga clic en la flecha desplegable del botón **Interlineado**.

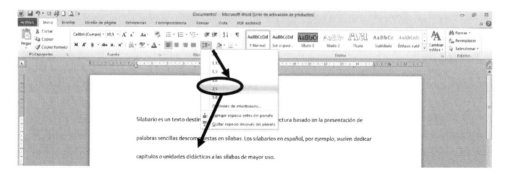

Tal como muestra la figura anterior, ahora solo tiene que marcar el interlineado deseado y el texto separará o juntará las líneas que lo componen, según su elección.

4.7.3 Numeración y viñetas

Las numeraciones y viñetas son opciones que le permitirán hacer los párrafos de su texto más legibles, cuando desee enumerar una lista con los símbolos o números incluidos en los botones mostrados.

Para realizar una viñeta siga los pasos que a continuación se indican:

1. Haga clic en la flecha desplegable del botón **Viñetas**.

2. Elija una de las viñetas que se le muestran, haciendo clic sobre ella. Puede comprobar, en la siguiente imagen, que una vez coloque el ratón sobre la viñeta elegida aparecerá de modo inmediato en su documento.

3. A continuación pruebe a escribir justo detrás de la primera viñeta que apareció y cuando desee cambiar de línea y haga clic en la tecla **Intro** aparecerá una nueva viñeta para que usted pueda ir construyendo su lista.

SILABARIO es un texto destinado a la enseñanza inicial de la lectura basado en la presentación de palabras sencillas descompuestas en sílabas. Los silabarios en español, por ejemplo, suelen dedicar capítulos o unidades didácticas a las sílabas de mayor uso.

☺ Las sílabas son de mayor tamaño
☺ Las monosílabas son de menor tamaño

Nota importante: en la figura anterior para el texto escrito con viñetas se ha elegido un interlineado de 1 punto.

4. Cuando desee continuar con la escritura normal y, por tanto, que ya no aparezcan más viñetas puede salir de esta opción pulsando dos veces la tecla **Intro**, o bien haciendo clic en el propio botón de **Viñetas**, que quedará desactivado.

4.7.4 Bordes y sombreado

Para dar formato a los textos con bordes y sombreados podrá hacerlo fácilmente desde los botones del grupo **Párrafo**, de la ficha **Inicio**, de la **Cinta de opciones**.

Mediante los bordes y sombreados podrá resaltar textos de un documento, como pueden ser títulos, membretes de empresa, etiquetas, etc. A continuación, se especifican las tareas más habituales que se pueden realizar con dichos comandos:

- **Bordes:** sitúan líneas o dibujos abajo, arriba, a la izquierda o a la derecha de textos o párrafos. Los pasos a seguir para insertar un borde son:

    1. Haga clic en la flecha desplegable del botón **Bordes** hasta que visualice un menú como el que muestra la siguiente figura:

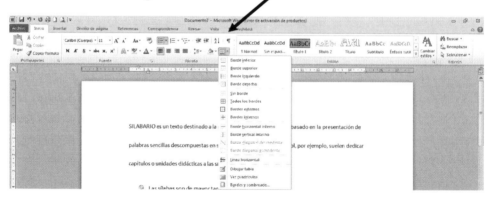

    2. Marque la opción de borde que desee para su párrafo situándose sobre ella y, a continuación, haciendo clic con el ratón.

    3. Su texto quedará bordeado con la opción que haya elegido, tal y como puede visualizar en la siguiente figura con la opción **Bordes externos**.

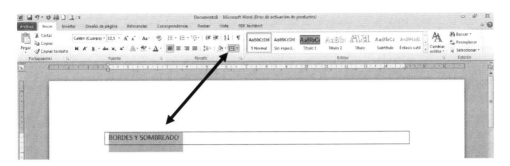

Nota importante: antes de marcar un borde o un sombreado asegúrese de tener seleccionado el texto que quiere bordear, o bien encontrarse situado con el cursor en cualquier punto de dicho texto. En caso contrario el borde o sombreado aparecerá en aquel lugar donde se encontrara en ese momento el cursor.

- **Sombreados:** se utilizan para destacar un párrafo o un texto con un color de relleno en el fondo de los mismos

    1. Haga clic en la flecha desplegable del botón **Sombreado** hasta que visualice la tabla de colores siguiente:

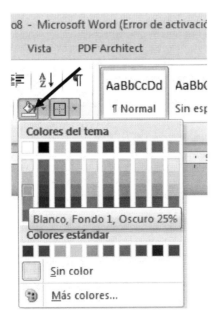

    2. Marque el color de sombreado que desee haciendo clic sobre él y su párrafo aparecerá sombreado como muestra la imagen que vemos a continuación:

Nota importante: cuando haya finalizado de marcar sus bordes y sombreados comprobará que, al pulsar la tecla **Intro**, el borde o sombreado continuará apareciendo en el resto de la hoja y le resultará difícil hacerlo desaparecer. Para conseguirlo fácilmente haga un doble clic por debajo del borde o sombreado y, al comienzo de la línea siguiente, verá que el cursor se sitúa fuera los mismos y la escritura comienza de la forma habitual.

4.8 EJERCICIO PRÁCTICO

Para una mejor comprensión de los epígrafes referentes al formato de los textos con el procesador Word 2010 y consolidar los conocimientos adquiridos en epígrafes anteriores, siga las instrucciones que se le indican:

1. Abra el documento que guardó en el ejercicio práctico anterior.

2. Seleccione el texto *Microsoft Word*.

3. Haga clic sobre el botón **Negrita** y salga de la selección.

4. Seleccione el texto *estéticos documentos*, haga clic sobre los botones **Cursiva** y **Subrayado** y salga de la selección.

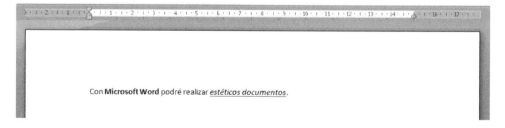

5. Vuelva a seleccionar el texto *Microsoft Word* y haga clic en el desplegable de la opción **Fuente**. Seleccione una letra de su elección como, por ejemplo, **Arial Black**.

Seguidamente, y sin salir de la selección, haga clic en el despegable del **Tamaño de fuente** y elija un tamaño de su elección, como por ejemplo 16. Ahora su texto aparecerá como en la siguiente imagen:

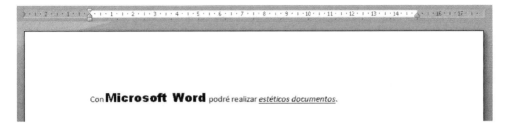

6. A continuación, seleccione todo el texto y haga clic en el botón **Centrar** del grupo **Párrafo**.

7. Sitúese con el cursor al final de la línea escrita e introduzca un **Intro** para pasar a la siguiente línea.

8. Inserte el texto que a continuación se muestra:

> Con **Microsoft Word** podré realizar *estéticos documentos*
>
> Microsoft Word es un programa muy útil que le permitirá escribir cualquier tipo de documento y guardarlo en su PC para poder volver a utilizarlo cuando lo desee.

9. Seleccione en su totalidad el último texto insertado y haga clic en el botón **Justificar**. Introduzca dos **Intros** para separar el texto siguiente del anterior.

10. Posteriormente, inserte una viñeta como la que muestra la imagen y escriba el texto indicado. Cuando desee finalizar la viñeta pulse dos o más veces la tecla **Intro** y desaparecerá.

> Con **Microsoft Word** podré realizar *estéticos documentos*
>
> Microsoft Word es un programa muy útil que le permitirá escribir cualquier tipo de documento y guardarlo en su PC para poder volver a utilizarlo cuando lo desee.
>
> – Podré hacer cartas y memorias
> – Podré diseñar mis propios modelos de documentos
> – Podré hacer tablas para mis cuentas

11. Escriba el último texto e inserte un **Borde Inferior**.

12. Seleccione su texto y haga clic en el color de **Sombreado** que desee.

13. Su documento tendrá ahora el aspecto que muestra la siguiente imagen.

14. Repita este proceso con otros documentos, otros textos y otras opciones tantas veces como desee.

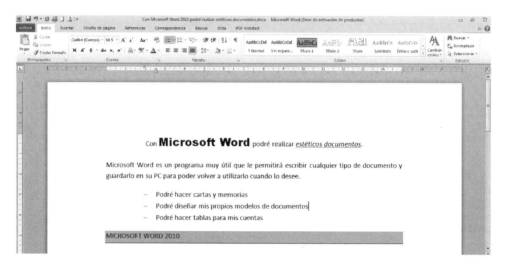

4.9 TABLAS EN WORD 2010

La realización de tablas le permitirá estructurar determinada información que desee incluir en sus documentos de forma mucho más organizada y estética.

Las tablas son casillas formadas por Filas (en sentido horizontal) y por Columnas (en sentido vertical). La intersección de ambas se denomina Celda, en las que se puede introducir texto, números, imágenes, etc.

Una de las premisas a tener en cuenta antes de comenzar a elaborar una tabla es planificar cuántas filas y columnas necesitaremos pues, aunque es posible introducirlas y eliminarlas con posterioridad, siempre es más fácil si partimos de una tabla bastante parecida a lo que deseamos.

No obstante, tenga en cuenta que si se equivoca siempre puede rectificarla con unos sencillos pasos que aprenderá a continuación.

4.9.1 Insertar tablas

Para insertar una tabla siga los pasos indicados:

1. Sitúese con el cursor en el lugar de su documento donde desee introducir la tabla.

2. Haga clic en la ficha **Insertar** y, posteriormente, en el desplegable del botón **Tabla**.

3. En el menú que aparece marque, situándose por encima con el ratón, las filas y columnas que desea insertar en su tabla.

   Como muestra la siguiente imagen seleccione e inserte una tabla de 4 columnas por 3 filas.

4. Cuando las tenga seleccionadas haga clic con el ratón y la tabla aparecerá en su documento de la siguiente forma:

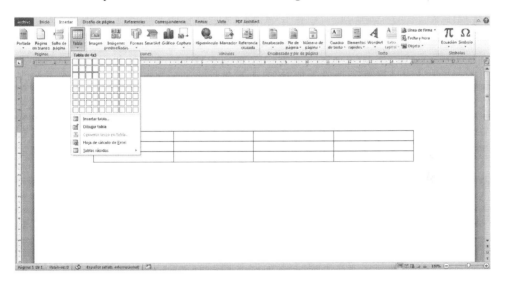

4.9.2 Introducir texto en las tablas

Para introducir texto en una tabla sitúe el cursor en una celda haciendo clic dentro de ella. A partir de ese momento podrá escribir texto igual que lo hace fuera de la tabla.

Para pasar de una celda a otra pulse la tecla **Tab** (Tabulador) del teclado o bien puede desplazarse utilizando las flechas de desplazamiento, también situadas en el teclado.

Nota importante: cuando termine de escribir en una celda, no pulse la tecla **Intro**, pues Word 2010 entenderá que desea introducir una línea extra en esa celda y, por ello, la hará más grande.

La inserción de texto en tablas se realiza, por tanto, de la misma forma que fuera de ellas. Así mismo, los comandos del grupo **Formato** y los del grupo **Párrafo**, vistos en epígrafes anteriores, sirven igualmente dentro de las celdas de la tabla que esté elaborando.

4.9.3 Seleccionar tablas, celdas, filas y columnas

Para seleccionar cualquiera de los elementos que componen una tabla, incluida la misma, existen varias opciones:

- **Para seleccionar una celda**, sitúe el cursor dentro de ella y desplace el puntero del ratón hacia el borde izquierdo hasta que adopte la forma de una pequeña flecha negra. Cuando la visualice haga clic y la celda quedará seleccionada.

- **Para seleccionar una fila**, sitúe el cursor en la zona izquierda de la misma, pero fuera de la tabla, hasta que aparezca la flecha blanca del cursor. En ese momento haga clic y la fila quedará seleccionada.

- **Para seleccionar una columna**, sitúe el cursor en la zona superior de la columna, por fuera de la tabla, hasta que aparezca una pequeña flecha negra. Una vez que la visualice haga clic y quedará seleccionada la columna que desee.

Nota importante: si una vez que visualice las flechas de selección (ya sean celdas, filas o columnas) desea seleccionar varias a la vez podrá hacerlo arrastrando el ratón, sin soltarlo, hasta el número de ellas que desee seleccionar.

- **Para seleccionar una tabla**, sitúese sobre la tabla y cuando visualice en el extremo superior izquierdo de la misma una flecha de cuatro puntas 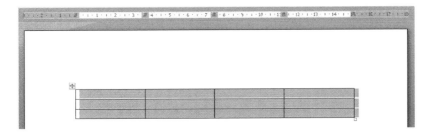 haga clic en ella y la tabla quedará completamente seleccionada, tal como muestra la siguiente figura:

También podrá efectuar estas operaciones desde los botones que aparecen en la pestaña **Presentación**, en el grupo **Filas y columnas**, que muestra la imagen posterior. Desde esas opciones solo tendrá que seguir dos pasos:

1. Situarse con el ratón o hacer clic en la fila o columna que desee insertar.

2. Hacer clic en la opción que desee: **Insertar arriba**, **Insertar debajo**, **Insertar a la izquierda** o **Insertar a la derecha**.

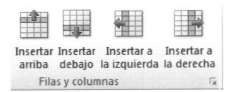

4.9.4 Eliminar tablas, celdas, filas y columnas

En ocasiones, después de haber creado una tabla, puede ocurrir que necesite eliminar alguna fila o columna que insertó de más. Igualmente podría desear eliminar la tabla completa por no ajustarse a sus necesidades.

En estos casos deberá proceder a eliminarlas de una manera muy sencilla siguiendo los pasos que se le indican:

1. Sitúese en cualquier punto dentro de la tabla y haga clic en la pestaña **Presentación**, de la **Cinta de opciones**, que solo aparecerá cuando se encuentre dentro de la tabla.

2. Sitúese en la celda, fila o columna que desee eliminar o en cualquiera de ellas si lo que desea es eliminar la tabla completa.

3. Haga clic en el desplegable del botón **Eliminar**, del grupo **Filas y columnas**. Ahora marque la opción que desee dependiendo de lo que vaya a eliminar, tal como muestra la imagen para el caso de las filas.

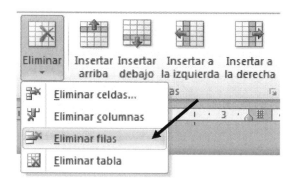

Nota importante: en el caso de que simplemente desee eliminar el contenido de una celda, fila, columna o tabla, solo tendrá que seleccionarla y, posteriormente, pulsar el botón **Supr** del teclado.

4.9.5 Modificar el tamaño de filas y columnas

Para que las tablas que elabore queden con el texto ajustado al tamaño de filas y columnas sin que quede demasiado espacio en blanco o, por el contrario, muy pegadas al texto, le puede resultar necesario modificar el tamaño de las mismas.

En ese caso podrá hacerlo muy fácilmente siguiendo los pasos que se indican a continuación:

1. Sitúese en cualquier punto dentro de la tabla y haga clic en la pestaña **Presentación**, de la **Cinta de opciones**, que solo aparecerá cuando se encuentre dentro de la tabla.

2. Posicione el ratón dentro de cualquier punto de la celda, fila o columna a la que desee cambiar el tamaño.

3. Sitúese en el grupo **Tamaño de celda**, que se visualiza en la imagen anterior.

4. Haga clic en las flechas de aumentar o disminuir centímetros de **Alto de fila de tabla** ⌷ 0,4 cm ⇕ o **Ancho de columna de tabla** ⌷ 3,81 cm ⇕ según lo que desee hacer, tal y como muestra la imagen, en la que se ha aumentado el alto de la primera fila a 1,1 cm y se ha reducido el ancho de la segunda columna también a 1,1 cm.

4.9.6 Distribuir filas y columnas

Estas opciones, situadas en el mismo grupo del epígrafe anterior **Tamaño de celda**, podrá utilizarlas cuando desee que las filas y columnas seleccionadas tengan el mismo tamaño.

Es decir, si tiene varias filas o columnas de distinto tamaño y desea que tengan el mismo para ajustar su tabla y hacerla más atractiva, selecciónelas y haga clic en el botón correspondiente, tal como muestra la imagen para las columnas.

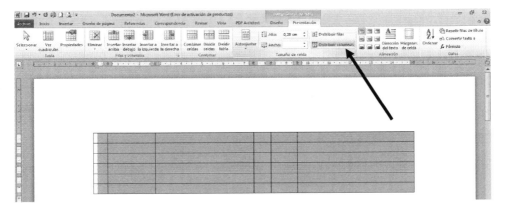

4.9.7 Diseño de tablas

Para efectuar operaciones que hagan su tabla más estética deberá situarse en cualquier punto dentro de ella y hacer clic en la pestaña **Diseño**, de la **Cinta de opciones**.

- **Bordes y sombreados:** se utilizan para bordear las líneas que componen la tabla o para rellenar de color las celdas de la misma. Ambas opciones se encuentran situadas en el grupo **Estilos de tabla**, de la pestaña **Diseño**. Recuerde que esta pestaña solo aparece si sitúa el cursor dentro de cualquier punto de la tabla.

Para realizar un borde siga los pasos que se indican:

1. Seleccione la celda, fila o columna a la que desea aplicar un borde y un color distinto al que ahora mismo tiene.

2. A continuación, indique el tipo, tamaño y color del borde con los desplegables que aparecen en el grupo **Dibujar bordes** de la misma pestaña, **Diseño**, que se muestran en la siguiente imagen:

3. Posteriormente, pinte manualmente con el ratón los bordes que desee tal como muestra la figura:

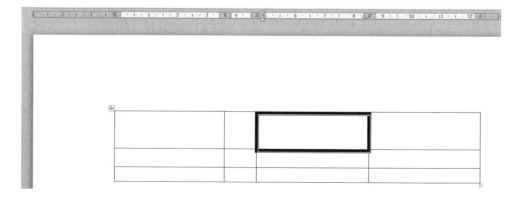

4. También puede realizar esta misma operación seleccionando el lápiz, como en el apartado anterior y, a continuación, haciendo clic en el desplegable del botón **Bordes**, e indicando aquellos que desea marcar a su selección, tal como muestra la siguiente imagen para la opción **Bordes externos**.

5. De la misma forma, indique el color que desea para sombrear (colorear) su selección, haciendo clic en el desplegable **Sombreado** y eligiendo el color que se adapte a sus necesidades, como muestra la siguiente figura:

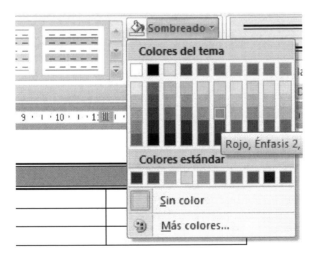

- **Estilos de tabla**: al igual que la opción anterior, se encuentran en la pestaña **Diseño**, de la **Cinta de opciones**.

  Los estilos se utilizan para aplicar un diseño preestablecido por Word 2010 a una tabla cuando no queramos darle uno personalizado. Su utilización es muy sencilla, solo debe seleccionar la tabla y hacer clic en el autoformato que más le agrade para que ésta quede inmediatamente con ese diseño aplicado, como muestra la imagen:

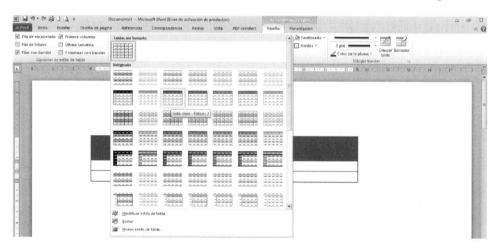

4.9.8 Combinar y dividir celdas

Existe en este grupo de opciones unos comandos muy útiles para poder convertir varias celdas en una sola o, por el contrario, dividir una sola celda en varias, cuando una vez insertada la tabla sea necesario hacerlo.

Ambas opciones se encuentran en el grupo **Combinar**, de la ficha **Presentación**.

- **Combinar celdas:** le permitirá unir celdas convirtiendo varias celdas seleccionadas en una en la que podrá escribir un único texto.

Realizar esta operación es muy sencillo ya que tan solo tendrá que seleccionar las celdas a combinar y hacer clic sobre el botón **Combinar celdas**, del grupo **Combinar**, de la pestaña **Presentación**.

La imagen muestra las celdas de la primera fila de la tabla combinadas en una sola.

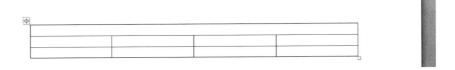

- **Dividir celdas:** la operación es exactamente igual que la anterior pero, en este caso, el botón a pulsar es concretamente **Dividir celdas**, del mismo grupo de comandos.

La imagen muestra la primera celda dividida en 4 columnas de igual tamaño.

4.9.9 Alineación de textos

Una vez haya modificado el tamaño de las filas y columnas que componen su tabla o haya optado por combinar varias celdas en una, es posible que tenga la necesidad de alinear el texto a las nuevas celdas para que diseño final resulte más atractivo.

Para estos casos Word 2010 incluye el grupo **Alineación**, situado en la ficha **Presentación**. Las nueve opciones de alineación le permitirán situar el texto dentro de las celdas en el lugar que desee (arriba, abajo, centro izquierda, arriba derecha, etc.). Solo tiene que seleccionar la celda y hacer clic en la alineación deseada.

Así mismo, también podrá modificar la dirección del texto insertado en las celdas para acomodarlo a su tabla. Haga clic varias veces hasta encontrar la dirección deseada y compruebe que, una vez escrito el texto, los botones de alineación cambian de dirección, tal como se indica en la siguiente figura:

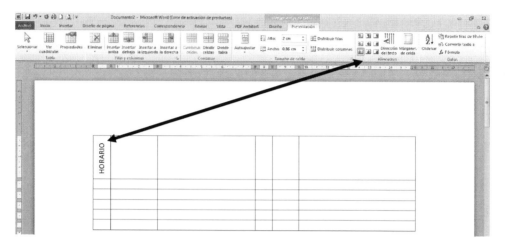

4.10 EJERCICIO PRÁCTICO

Para una mejor comprensión de los epígrafes referentes a tablas con Word 2010 y consolidar los conocimientos adquiridos en epígrafes anteriores, siga las instrucciones que se le indican:

1. Abra un documento nuevo en Word 2010.

2. Guarde el documento poniéndole el nombre "EJERCICIO TABLAS".

3. Inserte una tabla de 5 columnas por 7 filas.

4. Aumente el alto de la primera fila a 1 cm.

5. Disminuya el ancho de la primera y última columna a 2 cm.

6. Inserte una nueva fila debajo de la primera.

7. Sitúese en la fila 7 e inserte por encima tres nuevas filas.

8. Sitúese en la última columna e inserte otra a la izquierda.

9. Sitúese en la primera columna e inserte otra a la izquierda.

10. Seleccione las dos primeras filas y haga clic en la opción **Sin bordes**, del comando **Bordes**.

11. A continuación, elija el borde, tamaño y color de borde que desee y marque la opción **Bordes externos**.

12. Seleccione la tabla completa y marque de nuevo la opción **Bordes externos**, con el mismo diseño que el anterior.

13. Por último, combine las dos primeras filas en una única.

14. Ajuste el alto de la primera fila dejándolo en 1,2 cm.

15. Ponga un sombreado de su elección a la primera fila y un sombreado de un color distinto en la segunda fila.

16. Ajuste el tamaño, alineación y formato de sus textos.

17. Introduzca el texto que se le muestra.

18. Alinee los textos para ajustarlo a las celdas.

19. Ahora su tabla tendrá el siguiente diseño:

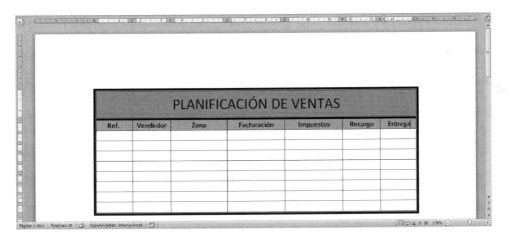

20. Cierre el documento guardando previamente los cambios.

4.11 DIBUJOS E IMÁGENES

Con Word 2010 podrá insertar en sus documentos dibujos o imágenes de una manera muy sencilla.

Antes de indicar los pasos a seguir para dibujos o imágenes debe saber que podrá insertar tanto imágenes propias que usted tenga archivadas en su PC, imágenes prediseñadas por el propio Word 2010 o cualquier otra forma o diseño establecido por el programa, tal como formas, gráficos, prediseñadas, etc.

Nota importante: el tratamiento del diseño y modificación de las imágenes es muy similar en cualquiera de las opciones, por lo que para entender su tratamiento elegiremos las ilustraciones **Formas**, que son perfectamente trasladables a las opciones de **Imagen** e **Imágenes prediseñadas**.

4.11.1 Insertar formas

Las formas son dibujos como rectángulos, círculos, flechas, etc. que una vez insertados en su documento de Word 2010 adquieren formato de imagen.

Los pasos a seguir para insertar estas formas o dibujos son:

1. Haga clic en la pestaña **Insertar**, de la **Cinta de opciones**.

2. A continuación, diríjase al grupo **Ilustraciones** de dicha pestaña.

3. Haga clic en la opción de ilustración que desee insertar en su documento, en este caso en el botón **Formas**, y elija la forma o dibujo deseado haciendo clic sobre ella.

4. Ahora desplácese hasta la hoja de trabajo y, cuando aparezca el cursor en forma de cruz, haga clic arrastrándolo por la hoja (sin dejar de pulsar el botón del ratón) a lo largo del tamaño que desee y, una vez que lo tenga dibujado, suelte el ratón.

5. A continuación, ya tendrá dibujada su forma o insertada la imagen en su documento.

4.11.2 Selección de imágenes

Para seleccionar una imagen, solo tendrá que situarse sobre ella y hacer clic con el ratón. La imagen aparecerá ahora rodeada por unos puntos de color que indican la selección, tal y como muestra la siguiente figura:

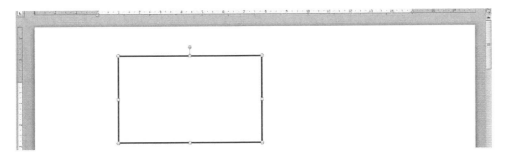

Solo cuando la imagen esté seleccionada podrá efectuar órdenes o modificaciones sobre la misma y, a la vez, aparecerá en la **Cinta de opciones** una nueva pestaña denominada **Formato**. A través de los comandos contenidos en esta pestaña podrá dar formato a sus imágenes de forma fácil y rápida, como se indica en el siguiente epígrafe.

4.11.3 Mover imágenes

Para cambiar de lugar dentro del documento de Word 2010 un dibujo o imagen que tenga insertado selecciónelo y sitúese en cualquier borde de la forma hasta que aparezca la flecha de cuatro puntas. En ese momento haga clic y, sin soltar el ratón, arrastre la forma hasta el lugar deseado, tal como muestra la siguiente imagen.

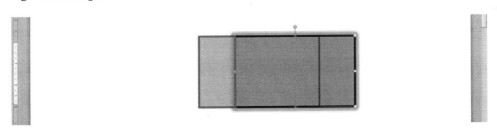

Nota importante: cuando en vez de **Formas** haya insertado **Imágenes Prediseñadas**, o bien **Imágenes**, es muy posible que no le permita moverlas de la forma que se acaba de indicar. En este caso deberá pasar por un paso previo que consistirá en **Ajustar el texto** a otras opciones diferentes a **En línea con el texto**, tal como a continuación se explicará en el epígrafe 4.11.6 de este mismo capítulo.

4.11.4 Formato de imágenes

La pestaña **Formato** dispone de numerosas opciones de estilo y formas para sus dibujos o imágenes. A continuación se indican las que le resultarán más útiles:

- **Estilos de forma:** las opciones contenidas en este grupo se utilizan para cambiar la forma, los rellenos, los colores o los bordes que rodean a los dibujos o imágenes.

  Puede seleccionar un estilo haciendo clic en el desplegable que se señala en la siguiente figura:

En el caso de que las ilustraciones insertadas no sean **Formas**, sino que se trate de cualquier otro tipo de imágenes, podrá darles un estilo determinado de la forma explicada. Si bien en este caso, las opciones de estilo serán diferentes a los que se muestran para las formas.

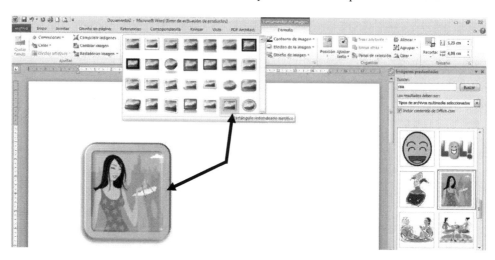

La figura anterior muestra desplegado el botón **Estilos de imagen** que se ha utilizado, en este caso, para aplicarle el estilo **Rectángulo redondeado metálico** a la imagen prediseñada que se ha insertado y seleccionado previamente en el documento.

- **Relleno de forma:** para aplicar un color de relleno a la forma que haya insertado siga los pasos indicados a continuación:

  1. Seleccione la imagen y elija un color para la forma haciendo clic en el desplegable del botón **Relleno de forma**. Si desea visualizar más colores haga clic en **Más colores de relleno**.

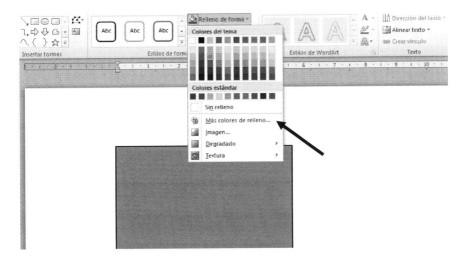

  2. Si desea añadir a su imagen un **Degradado**, **Textura**, etc., haga clic en los botones correspondientes y elija la que más se adapte a sus necesidades. En la siguiente imagen se muestra desplegada la opción **Relleno de forma**, junto con la opción **Degradado**.

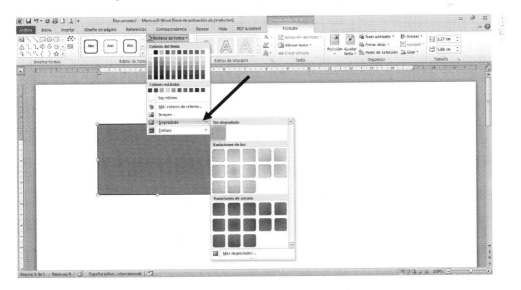

- **Contorno de forma:** esta opción es similar a la anterior, solo que en esta ocasión los cambios se efectúan sobre las líneas que bordean a la figura, es decir, sobre su contorno. Para ello siga los pasos indicados:

  1. Seleccione la imagen y haga clic sobre el desplegable del botón **Contorno de forma** y elija el color que desea darle a la línea de su figura. Igualmente, si desea que no se encuentre bordeado con ninguna línea pulse la opción **Sin contorno**.

  2. Una vez elegido el color, podrá elegir tanto el **Grosor**, la forma de la línea llamada **Guiones** y la **Trama** de dicha línea. La siguiente imagen muestra el dibujo insertado con el contorno remarcado por una línea más gruesa.

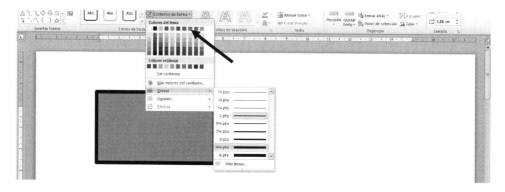

- **Efectos de forma:** le permiten añadir a sus imágenes determinados efectos para que pueda resultar más atractiva. Dispone de opciones como sombras, biseles, iluminados, etc. Solo tiene que seleccionar el efecto deseado haciendo clic sobre la forma previamente seleccionada, tal como muestra la siguiente figura para el efecto **Iluminado**.

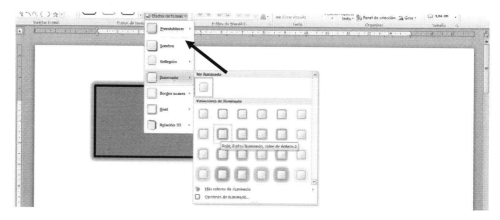

- • **Cambiar forma:** con esta opción, situada en el grupo **Insertar formas**, de la ficha **Formato**, podrá cambiar la forma del dibujo que haya insertado adaptándola de nuevo a la forma elegida tan solo seleccionándola y haciendo clic sobre ella, tal como muestra la siguiente figura:

4.11.5 Modificar tamaños de imágenes

Si no está conforme con el tamaño de la imagen que dibujó podrá modificarlo siguiendo estos sencillos pasos:

1. Seleccione la imagen y en la pestaña **Formato**, de la **Cinta de opciones**, diríjase al grupo **Tamaño** situado al final de la ficha.

2. Haga clic repetidamente con el ratón sobre las flechas de aumentar o disminuir de los botones **Alto de forma** o **Ancho de forma** hasta que encuentre el tamaño más adecuado a sus necesidades.

4.11.6 Organizar imágenes

Para mover una imagen dispone de los comandos situados en el grupo **Organizar**, de la pestaña **Formato**, de la **Cinta de opciones**.

De esta forma podrá realizar las siguientes tareas:

- **Cambiar posición:** con esta opción podrá cambiar la posición de la imagen respecto a la totalidad de la hoja en la que se encuentre, simplemente haciendo clic en la que más se ajuste a sus necesidades.

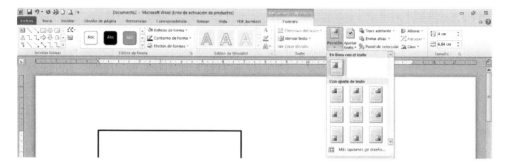

- **Girar formas:** podrá girar gradualmente sus dibujos o imágenes dentro de las opciones que le ofrece Word 2010 en el botón **Girar** del grupo **Organizar**.

- **Ajustar al texto:** estas opciones son muy útiles cuando pretenda insertar una imagen dentro de un texto previamente escrito en su documento de Word 2010.

El comando aparece por defecto con la opción **En línea con el texto** marcada; no obstante incluye otras muchas opciones de ajuste que, a continuación, se muestran en imágenes explicativas para una mejor comprensión:

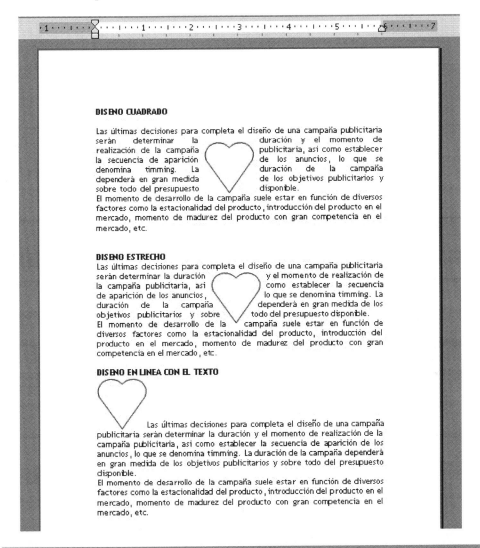

Nota importante: recuerde en este punto que, tal como se ha indicado en el epígrafe *4.11.3 Mover imágenes*, si desea mover una imagen cuando haya insertado **Imagénes** o **Imágenes Prediseñadas** deberá ajustar dicha forma previamente a otra opción de ajuste (habitualmente **Cuadrado** o **Estrecho**). Desde que realice esa operación podrá mover sin problema sus figuras a cualquier otro punto del documento de Word 2010.

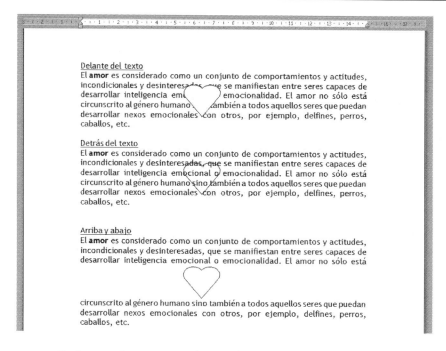

- **Ordenar el texto:** con las opciones **Traer adelante** o **Enviar atrás** podrá ordenar sus dibujos o fotografías con respecto a la ubicación de otras imágenes, tal como puede verse en la siguiente figura:

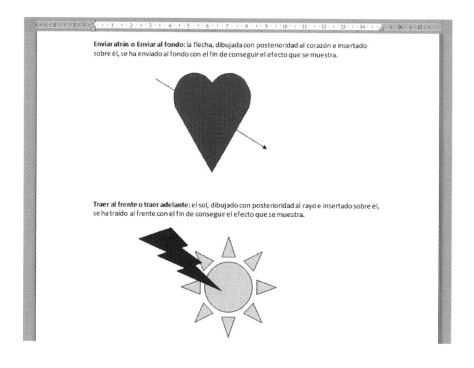

- **Alinear:** con las opciones incluidas en el desplegable de este botón podrá alinear la imagen insertada a la hoja o documento que tenga abierto. Igualmente, podrá distribuir la imagen o dibujo insertado de forma horizontal (**Distribuir horizontalmente**) o vertical (**Distribuir verticalmente**) para centrarla a la hoja.

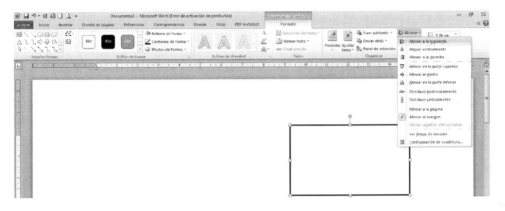

- **Recortar:** especialmente útil en Word 2010 resulta el botón **Recortar**

  , situado en el grupo **Tamaño**, y con el que podrá recortar la imagen eliminando las partes que no necesite para adaptarla a sus gustos o necesidades.

  Para ejecutar este comando, seleccione la imagen y arrastre el ratón desde los indicadores de imagen que aparecen en los las esquinas y los laterales de la misma. Cuando haya terminado de recortar la parte de la imagen no deseada suelte el ratón y habrá desaparecido la zona recortada.

Nota importante: el comando **Recortar** solo aparece visualizado y activo en la barra **Formato** cuando se trata de **Imágenes** o **Imágenes prediseñadas**, por lo que no podrá utilizarlo cuando haya insertado **Formas** o dibujos.

4.11.7 Incluir texto en imágenes

Antes de explicar las formas de hacerlo es preciso que conozca otra forma gráfica muy utilizada para insertar textos en lugares estratégicos de los documentos de Word. Se trata de los cuadros de texto, que son figuras o imágenes que permiten escribir dentro de ellas.

Insertar un cuadro de texto es muy sencillo. Solo tiene que dirigirse a la opción **Cuadro de texto**, del grupo **Texto**, de la ficha **Insertar**.

Dicho botón incluye varias opciones de cuadros de texto previamente establecidos que podrá insertar fácilmente con tan solo con hacer clic sobre él. No obstante, si lo que desea es hacer un cuadro manualmente, haga clic en la opción **Dibujar cuadro de texto** y, posteriormente, proceda de la misma manera que lo hizo al insertar las **Formas** vistas en el epígrafe 4.11.1 de este mismo capítulo.

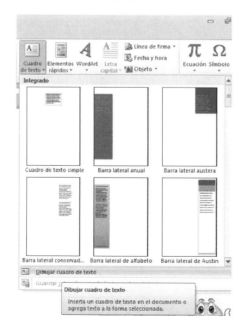

Una vez insertado el cuadro de texto podrá incluirlos en sus documentos en los lugares que desee y, concretamente, resultan muy útiles para insertar textos dentro de imágenes o fotografías, tal como se indica a continuación.

Para incluir texto en una imagen insertada en un documento existen dos opciones, dependiendo de si se trata de formas o imágenes propiamente dichas:

- **Texto en formas:** las nuevas versiones de **Office** le permiten escribir directamente el texto dentro de las formas tan solo seleccionándola y escribiendo el texto que desee, tal como muestra la siguiente figura:

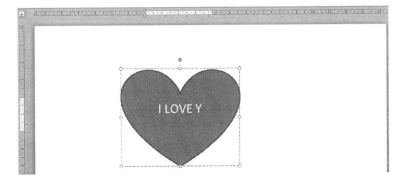

Nota importante: para aplicar el resto de características de formato de texto (tamaño, fuente, alineación, etc.) será de aplicación lo explicado en el epígrafe 4.7 de este mismo capítulo.

- **Texto en otras imágenes:** para los demás casos deberá dibujar un cuadro de texto dentro de la imagen y, posteriormente, eliminar su contorno y relleno para que pueda visualizarse tal como muestra la siguiente figura:

4.11.8 Insertar otras imágenes

A continuación le indicamos cómo insertar otras imágenes en sus documentos de Word 2010. Como se explicó en el epígrafe anterior, las opciones vistas para los dibujos realizados con el botón **Formas** son aplicables igualmente (salvo excepciones ya explicadas) a estas otras imágenes, por lo que tan solo se indicará la manera de incluirlas.

4.11.8.1 IMÁGENES PREDISEÑADAS

Los pasos a seguir son:

1. Haga clic en la pestaña **Insertar**, de la **Cinta de opciones**, en el grupo **Ilustraciones**.

2. Haga clic en la opción **Imágenes prediseñadas**.

3. En el panel lateral que aparece en el lado derecho de su pantalla, introduzca una palabra genérica que tenga relación con las imágenes que desea obtener.

4. A continuación, haga clic en **Buscar** y espere que aparezca un listado de fotografías como el que muestra la imagen siguiente (mueva el ratón por la barra de desplazamiento y podrá visualizar aún más imágenes).

5. A continuación sitúese sobre la fotografía elegida y haga un solo clic con el ratón.

6. La imagen aparecerá insertada en su documento como muestra la siguiente imagen:

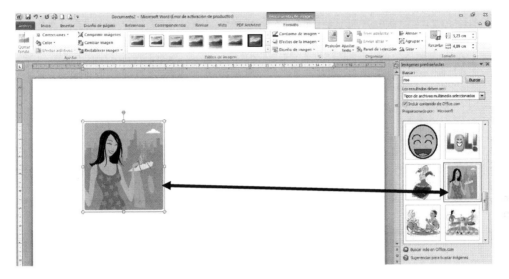

4.11.8.2 IMÁGENES

Los pasos a seguir son:

1. Haga clic en la pestaña **Insertar**, de la **Cinta de opciones**, en el grupo **Ilustraciones**.

2. Haga clic en la opción **Imagen**.

3. A continuación, aparecerá la ventana **Insertar imagen** en la que deberá buscar la carpeta en la que se encuentren sus archivos de imágenes guardados (por defecto, suele aparecer la carpeta **Mis imágenes**).

4. Haga clic en la imagen deseada y pulse el botón **Insertar**, tal como muestra la figura siguiente, y ya tendrá insertada la imagen en su documento.

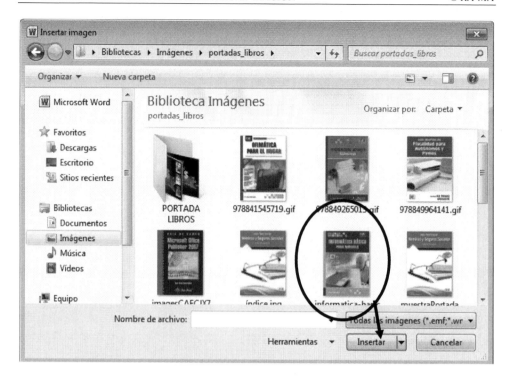

4.12 IMPRIMIR ARCHIVOS

La impresión de archivos que se explica a continuación para **Word 2010** puede trasladarse al resto de archivos, documentos, imágenes, etc., de otros programas o aplicaciones.

Imprimir desde cualquier programa es sencillo. Una vez que tenga la impresora instalada en su ordenador haga clic en el botón **Imprimir** que aparece en la **Barra de acceso rápido**.

Recuerde que la **Barra de acceso rápido** es personalizable a los botones que le resulten más útiles para su trabajo diario con Word 2010.

Por ello, si no visualiza el botón **Imprimir** señalado en la figura anterior, podrá visualizarlo haciendo clic en el desplegable de dicha barra, también indicado con una flecha en la figura anterior, y seguidamente activarlo, tal como muestra la siguiente figura:

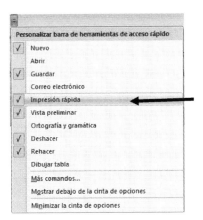

De igual forma podrá imprimir desde el botón de **Office** haciendo clic en la opción **Imprimir**.

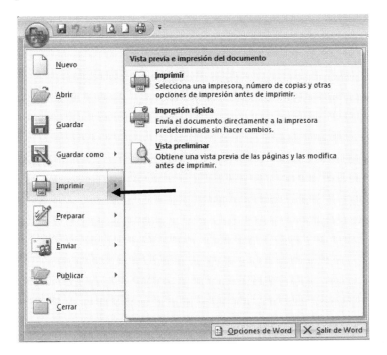

A continuación, aparecerá una ventana en la que podrá elegir las opciones de su impresión. Elija si desea imprimir **Todo el documento** o solo la **Página actual**. Si desea imprimir una o una serie de páginas indíquelas separadas por guiones si son varias, tal como muestra la siguiente imagen. Y, por último, indique el número de copias que desea imprimir en la parte derecha de la ventana y haga clic en **Aceptar**.

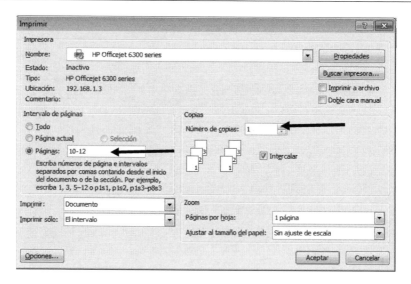

4.13 EJERCICIO PRÁCTICO

Para una mejor comprensión de los epígrafes referentes a dibujos e imágenes con Word 2007 y consolidar los conocimientos adquiridos en epígrafes anteriores, siga las instrucciones que se le indican:

1. Abra un documento nuevo en Word 2010.

2. Guarde el documento poniéndole el nombre de "EJERCICIO IMÁGENES".

3. Inserte una imagen prediseñada realizando la búsqueda con la palabra "GENTE".

4. Ajuste la imagen a la opción **Estrecho** y sitúela en el lugar de la hoja que desee.

5. Aumente el tamaño de la imagen a 7 cm de alto y 4,96 cm de ancho.

6. Elija un estilo de su gusto para la imagen.

7. Inserte ahora una **Forma**, del grupo **Llamadas**, y trate de colocarla como muestra la siguiente imagen.

8. Ponga un contorno de 3 cm al borde de la forma de llamada.

9. Rellene del color que desee la forma de llamada.

10. Escriba un texto dentro de la forma hasta obtener un resultado como el siguiente:

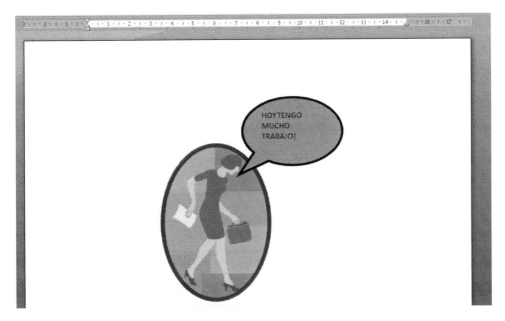

11. A continuación, seleccione la imagen y en la opción **Sombra** inserte una de su elección.

12. Desplace la sombra hacia la derecha con los botones correspondientes.

13. Agregue ahora un **Efecto** y, de la misma forma, desplácela con las flechas en dirección que usted desee.

14. Por último, cierre su documento guardando los cambios.

Capítulo 5

HOJA DE CÁLCULO: EXCEL 2010

Excel 2010 es la hoja de cálculo instalada en su ordenador con el paquete Office 2010 con la que podrá realizar operaciones aritméticas, estadísticas, financieras, etc. de distinto grado de complejidad, así como manejar gráficos de datos y otras utilidades que aprenderá a lo largo de este capítulo.

Antes de comenzar a detallar las aplicaciones más habituales que se utilizan con Excel 2010, es preciso que sepa que una hoja de cálculo es una hoja cuadriculada formada por filas y columnas cuyas intersecciones se denominan celdas.

Cada columna de la hoja de cálculo se define con el nombre de una letra y cada fila con un número, de manera que cada celda recibe el nombre de la intersección de ambas, comenzando por la columna y luego la fila.

La imagen siguiente muestra un fragmento de la hoja de cálculo formado por cinco filas (1 a 5) y tres columnas (A a C). La celda en la que nos situamos (señalada en la imagen y llamada celda activa) es la A1, puesto que nos encontramos en la columna A y en la fila 1.

	A	B	C
1			
2			
3			
4			
5			

Dentro de las celdas se puede introducir cualquier tipo de datos, ya sean numéricos, texto, fechas, etc., como se analizará en epígrafes siguientes.

5.1 APARIENCIA DE EXCEL 2010

En la siguiente imagen puede ver en su totalidad la pantalla principal de la hoja de cálculo Excel 2010:

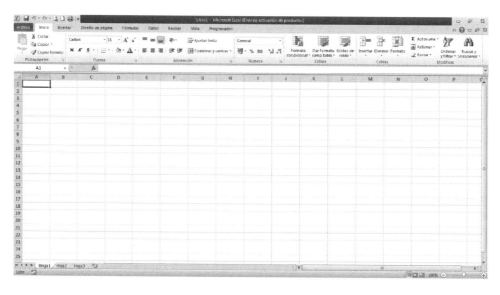

5.1.1 Cinta de opciones

Puede comprobar que la parte superior de la pantalla, o **Cinta de opciones**, es semejante a la que ya utilizó en Word 2010, solo que ahora cambian algunos los comandos o botones incluidos dentro de cada pestaña, como se puede comprobar en la siguiente imagen para la pestaña **Inicio**:

Esto significa que la forma de ejecutar estos comandos es idéntica a la efectuada con Word 2010. Por ello, algunas de las opciones, como **Portapapeles**, **Fuente**, **Alineación**, etc., las obviaremos y nos centraremos en aquellas otras operaciones que pueda realizar con Excel y que no hayan sido vistas hasta ahora. De la misma forma, no nos detendremos en otras operaciones básicas con Excel 2010, como son **Abrir**, **Cerrar**, **Guardar**, etc., ya que se realizan de la misma forma que con el procesador de textos Word 2010.

5.1.2 Barra de fórmulas

Es importante destacar que Excel dispone de una barra muy importante que aparece en la pantalla principal y que le resultará útil en sus operaciones con la hoja de cálculo. Se denomina **Barra de fórmulas** y tiene la siguiente apariencia:

El **Cuadro de nombres** de esta barra le permitirá ver el nombre de la celda activa que, como se vio en una imagen anterior, es la celda A1. Además, la parte derecha de la barra le mostrará los textos, fórmulas u otros elementos que contenga dicha celda, como puede visualizar en la siguiente figura:

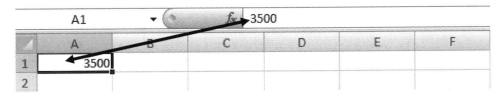

5.1.3 Área de trabajo

El área de trabajo de la hoja de cálculo está compuesta por las filas y columnas que forman el conjunto de celdas con el que tendrá que trabajar.

Excel es una hoja de cálculo dividida en cuadrículas de 256 columnas y 65.536 filas y, si bien no podrá visualizarlas todas a la vez, podrá hacerlo desplazándose con las barras horizontal y vertical, respectivamente, o con las flechas de desplazamiento del teclado. Para volver al lugar inicial, es decir, a la celda A1, pulse el botón **Inicio** del teclado.

Compruebe que la fila y columna de la celda activa aparece marcada con un color diferente para indicarle el lugar donde se encuentra situado su cursor, tal como se visualiza en la celda marcada de la siguiente figura:

5.1.4 Barra de etiquetas

Esta barra le permitirá desplazarse por las distintas hojas de cálculo que componen un libro[9] además de indicarle la hoja de cálculo en la que se encuentra trabajando.

Por defecto, como muestra la imagen, aparecen tres etiquetas (**Hoja 1**, **Hoja 2** y **Hoja 3**) a las que podrá ir añadiendo o eliminando hojas según sus necesidades. Así mismo, podrá cambiar su nombre si así lo desea.

Esta barra de etiquetas también contiene la barra de desplazamiento horizontal.

5.2 CONCEPTOS ESENCIALES EN EXCEL

Antes de comenzar a ejecutar las funciones de Excel 2010 es interesante que se familiarice con los conceptos más básicos necesarios para manejar esta aplicación:

- **Libro:** es el documento que esté realizando en Excel y que quedará guardado en sus carpetas, es decir, cada libro es un nuevo documento.

---

[9] En siguientes epígrafes de este capítulo se explicará la diferencia entre hoja y libro.

Cada libro de trabajo puede contener varias hojas de cálculo que, como ya se ha comentado, podrá ir añadiendo o eliminando según sus necesidades.

Puede comprobar el nombre del libro en el que trabaja en la parte superior de la pantalla, tal como muestra la siguiente imagen. Hasta que guarde el libro y le de un nombre Excel 2010 les irá nombrando con números sucesivos.

- **Hoja:** son cada uno de los "folios" que componen un libro de trabajo, es decir, el lugar real donde efectúa sus operaciones con Excel.

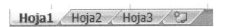

- **Celda:** es la intersección de una fila y una columna y el lugar indicado para introducir textos, datos, números, fórmulas, etc.

Como ya se ha explicado en epígrafes anteriores siempre existirá una celda activa que destacará de las demás por tener un contorno más resaltado y porque su nombre aparece en la barra de fórmulas.

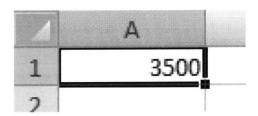

Para cambiar de celda activa simplemente colóquese haciendo clic con el ratón en otra celda o desplazándose con las flechas del teclado.

- **Rango:** se denomina **rango de celdas** a un grupo de celdas que aparecen seleccionadas de forma conjunta, apareciendo la primera celda en blanco y el resto marcado en un tono más azulado o grisáceo.

- **Punteros:** Excel dispone de varios punteros de ratón que se especifican a continuación.

PUNTEROS DE SELECCIÓN EN EXCEL	
Dentro del área de trabajo	
✛	Cuando el puntero es una cruz blanca se utiliza para la selección de celdas.
✣	Cuando el puntero se convierte en una estrella de cuatro puntas, la información que contiene esa celda o rango de celdas se desplaza a aquella en la que soltemos el ratón. Es lo mismo que utilizar los botones cortar/pegar.
✚	El puntero de precisión se encuentra cuando situamos el ratón en la esquina inferior derecha de la celda o rango de celdas elegida. Con este puntero se efectúa la operación de autollenado.
Fuera del área de trabajo	
↔	Señala la intersección entre columnas. Se utiliza pulsando sobre él y arrastrando el ratón hacia la derecha o izquierda para hacer las columnas más anchas o estrechas.
↓	Selección de columnas.
→	Selección de filas.
↕	Señala la intersección entre filas. Se utiliza pulsando sobre él y arrastrando el ratón hacia arriba o abajo para hacer las filas más altas o bajas.

5.3 OPERACIONES CON CELDAS

En los siguientes epígrafes se detalla la forma de trabajar con el elemento básico de Excel; las celdas.

5.3.1 Selección de celdas

Para seleccionar una celda solo tiene que situarse con el ratón sobre la misma. Comprobará que esa celda queda remarcada con un borde con respecto a las demás.

Si desea seleccionar más de una celda a la vez, entonces tendrá que seleccionar un **rango de celdas**.

Para ello sitúese con el ratón sobre la primera celda del rango y cuando el puntero de su ratón se haya convertido en una cruz blanca[10] arrástrelo, sin soltarlo, hasta la última celda en la que quiere acabar la selección. Como ejemplo en la imagen se ha realizado desde la celda B3 hasta la celda B10.

Si quisiera seleccionar varios rangos a la vez primero seleccione uno de ellos y manteniendo pulsada la tecla **Ctrl** seleccione el siguiente.

Los rangos se expresan poniendo la referencia a dos celdas, la primera y la última, separadas por dos puntos. Por ejemplo el rango de celdas visualizado en la siguiente figura sería el **B2:C6**, cuyas filas y columnas aparecen marcadas tal como se señala en la imagen.

---

[10] Ver cuadro explicativo de punteros en tabla explicativa **Punteros de selección en Excel** de este mismo capítulo.

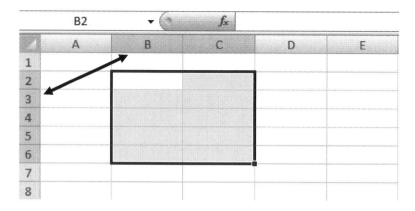

Para salir de la cualquier selección solo tendrá que hacer clic con el ratón en cualquier otra celda de la hoja de cálculo y dicha selección desaparecerá.

5.3.2 Movimientos por las celdas

La forma más rápida de situarse en una celda es colocar el **puntero de selección** del ratón sobre ella y hacer clic con el botón izquierdo. Pero, además, existen otras muchas formas de moverse por las celdas en Excel utilizando el teclado, que se indican en la siguiente tabla:

Flecha derecha	Mueve la celda activa una celda a la derecha.
Flecha izquierda	Mueve la celda activa una celda a la izquierda.
Flecha arriba	Mueve la celda activa a la celda superior.
Flecha abajo	Mueve la celda activa a la celda inferior.
CTRL + flecha derecha	Mueve la celda activa hasta la última celda de esa fila.
CTRL + flecha izquierda	Mueve la celda activa a la primera celda de esa fila.
CTRL + flecha abajo	Mueve la celda activa a la última celda de la columna en que se encuentra.
CTRL + flecha arriba	Mueve la celda activa a la primera celda de la columna en que se encuentra.
CTRL + Inicio	Lleva la celda activa a la primera celda de la hoja de cálculo A1.
CTRL + Fin	Lleva la celda activa a la última que contenga datos o formato en la hoja de cálculo.
INTRO	Lleva la celda activa a la celda inferior.
TAB	Lleva la celda activa a la celda de la derecha.
av pág/re pág	Coloca la celda activa en la pantalla siguiente y anterior, respectivamente.

5.3.3 Introducir y borrar datos en las celdas

5.3.3.1 INTRODUCIR DATOS

Para introducir datos en una celda, debe seleccionarla y comenzar a escribir. Pero antes de comenzar la escritura debe saber:

- Según vaya introduciendo datos podrá verlos tanto en la celda activa como en la barra de fórmulas, tal como se señala en la siguiente imagen:

En caso de ser fórmulas los datos que se hayan introducido en la celda activa, esta le mostrará el resultado, mientras que la barra de fórmulas mostrará la fórmula o función de la que parte como, por ejemplo, puede verse en la figura posterior:

- Si los datos que introduce tienen una anchura superior a la de la celda activa pueden darse dos casos:

  - Si la celda contigua está vacía se visualizará en ella el texto restante, sin embargo, realmente solo contiene información aquella en la que comenzó la escritura.

  - Si la celda contigua está ocupada por otros datos, se visualizarán el máximo de caracteres posibles según el ancho de la columna.

- Cuando finalice la escritura debe pulsar obligatoriamente la tecla **Intro** o bien cambiar de celda con el ratón, la tecla **Tab** o las flechas de desplazamiento del teclado, pues en caso contrario los datos no quedarán fijados.

  También puede efectuar esta operación haciendo clic en el botón **Introducir** que aparece cuando se comienza a introducir texto en la **Barra de fórmulas**.

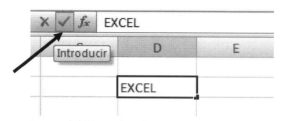

Nota importante: una vez validada una celda, si desea volver a activarla para modificar datos, darle un formato determinado, borrar su contenido, etc., no olvide que deberá volver a seleccionarla, es decir, colocarse de nuevo sobre ella por cualquiera de los métodos ya explicados en otros epígrafes.

5.3.3.2 BORRAR DATOS

Para borrar datos en una celda, debe activarla y hacer clic en el botón **Supr** del teclado. No obstante el borrado de celdas tiene una serie de características que a continuación se exponen:

- Si comete algún error mientras escribe puede borrar el contenido de la celda haciendo clic en el botón **Cancelar** que aparece en la **Barra de fórmulas**.

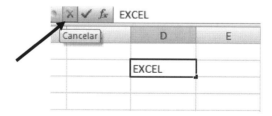

- Si hace doble clic dentro de la celda activa podrá borrar los datos uno a uno con la tecla de **Retroceso** y de esta manera podrá corregir posibles errores contenidos en la celda.

- Puede borrar el contenido de una celda activándola y realizando la operación desde la barra de fórmulas, con la tecla **Retroceso**.

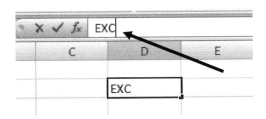

- Cuando borra el contenido de una celda no se eliminan los posibles formatos que contenga, por lo que deberá eliminarlos si desea que la celda vuelva a su estado original.

- Puede borrar el contenido de varias celdas a la vez si, previamente, selecciona todas ellas y, a continuación, sigue los pasos indicados.

5.3.4 Insertar y eliminar celdas

Para insertar una celda sitúese en ella y haga clic en el botón **Insertar**, situado en la parte derecha de la pestaña **Inicio**, de la **Cinta de opciones**, que muestra la siguiente figura y que le ofrecerá distintas opciones. En este caso, la opción a pulsar será la primera: **Insertar celdas**.

Ahora aparecerá la nueva ventana (**Insertar celda**) que le ofrecerá otras las cuatro opciones que muestra la figura posterior. Marque la opción que desee y haga clic en **Aceptar**.

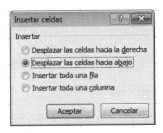

Para eliminar celdas el procedimiento es muy similar, solo que ahora el botón que debe pulsar primero será **Eliminar**, situado justo debajo del anterior y en el que deberá hacer clic en la opción **Eliminar celdas**.

Igualmente aparecerá la nueva ventana (**Eliminar celdas**), en la que tendrá que marcar la opción que desee y hacer clic en **Aceptar**.

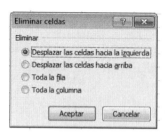

5.4 OPERACIONES CON FILAS Y COLUMNAS

Ahora que ya conoce la forma de trabajar con las celdas en Excel, llega el momento de manejar las filas y columnas.

5.4.1 Selección de filas y columnas

Para seleccionar una fila sitúese con el ratón sobre ella, pero fuera de la hoja de trabajo. Cuando el puntero se convierta en una flecha ➡ haga clic y la fila quedará seleccionada.

Igualmente, cuando desee seleccionar una columna sitúese sobre ella, fuera de la hoja de trabajo, y haga clic con el ratón cuando visualice la flecha ⬇.

Si desea seleccionar varias filas o columnas a la vez, seleccione la primera y desplace el ratón sobre el resto de ellas, sin soltarlo, hasta que llegue a la última fila o columna que desee seleccionar.

5.4.2 Insertar filas o columnas

Para insertar una fila por delante de otra colóquese en cualquier celda contenida en esta última y haga clic sobre la opción **Insertar** vista en epígrafes anteriores. Posteriormente, pulse la opción **Insertar filas de hoja**, que se muestra en la siguiente imagen:

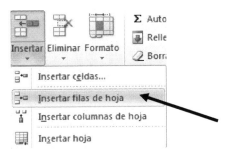

De la misma forma si desea insertar una nueva columna a la izquierda de otra, sitúese sobre cualquier celda contenida en esta última y haga clic en la opción **Insertar columna de hoja** del botón **Insertar**.

5.4.3 Eliminar filas o columnas

Para eliminar filas o columnas el procedimiento es similar al anterior pero, en esta ocasión, las opciones se encuentran en el botón **Eliminar**, de la ficha **Insertar**, de la **Cinta de opciones**.

Sitúese en una celda contenida en la fila o columna que desee eliminar o bien selecciónela previamente. A continuación, haga clic en el botón **Eliminar** y marque la opción **Eliminar filas de hoja**, o bien **Eliminar columnas de hoja**, según su necesidad de eliminar filas o columnas respectivamente.

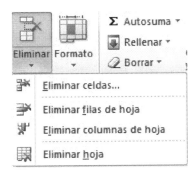

5.4.4 Ancho y alto de las filas y columnas

Para cambiar el alto de una fila, sitúe el ratón en la línea que divide dos filas en la parte inferior de aquella que quiere hacer más alta. Cuando el ratón tome la forma de una flecha de dos puntas[11] arrástrelo hasta conseguir el alto deseado, tal como se muestra en la siguiente figura con la fila 2, que ahora tendrá un alto de 27,75.

De la misma forma podrá hacer más anchas las columnas pero, en este caso, sitúe el ratón en la intersección de dos columnas en el lado derecho de aquella que quiera ensanchar. Arrastre el ratón hasta conseguir el ancho deseado, como muestra la siguiente figura que refleja la columna A, con un ancho de 25.

5.5 EJERCICIO PRÁCTICO

Para una mejor comprensión de los epígrafes referentes a dibujos y operaciones básicas en Excel 2010 y consolidar los conocimientos adquiridos en epígrafes anteriores, siga las instrucciones que se le indican:

1. Abra un documento nuevo en Excel 2010.

2. Seleccione el rango de celdas A1:A10 y salga de la selección.

---

[11] Ver cuadro explicativo de punteros en tabla explicativa **Punteros de selección en Excel** de este mismo capítulo.

3. Seleccione el rango de celdas A1:D5 y salga de la selección.

4. Seleccione el rango de celdas A1:B4 junto con D2:E6 y salga de la selección.

5. Introduzca en la celda A2 el día de la semana y pulse **Intro**.

6. Introduzca en la celda B2 el día del mes y pulse **Intro**.

7. Introduzca en la celda C2 el mes corriente y pulse **Intro**.

8. Sitúese en la celda A2 e inserte una celda, desplazando las celdas hacia la derecha.

9. En la nueva celda A2 escriba "HOY".

10. Sitúese en la celda A1 y elimine celdas, desplazando celda hacia la izquierda.

11. Borre el contenido de la celda C2 y vuelva a escribirlo en la celda B3.

12. Sitúese en la celda B2 y elimine la fila completa.

13. Sitúese en la celda B3 y elimine la columna completa.

14. Escriba un texto en cualquier celda, seleccione la fila en la que se encuentra el texto y elimine la fila completa.

15. Escriba un texto en cualquier celda, seleccione la columna en la que se encuentra el texto y elimine la columna completa.

16. Ponga en la fila 3 un alto de 42.

17. Elimine completa la fila 3.

18. Ponga a la columna C un ancho de 27.

19. Elimine completa la columna C.

20. Cierre el documento sin guardar los cambios.

5.6 OPERACIONES CON HOJAS DE CÁLCULO

Como ya se explicó en anteriores epígrafes cada libro de trabajo de Excel contiene por defecto tres hojas de cálculo. Dichas hojas pueden eliminarse, modificarse, cambiarse de nombre, duplicarse, etc., de una forma muy sencilla que a continuación se detalla.

5.6.1 Selección de una hoja de cálculo

La selección de una hoja de cálculo es una operación tan sencilla como hacer clic con el botón izquierdo del ratón en la pestaña de la hoja correspondiente a la que desea visualizar, pudiendo repetir este proceso tantas veces como desee.

Comprobará que la hoja activa cambia de color, como puede comprobar en la siguiente imagen en la que la hoja seleccionada es la Hoja 2.

Además, la selección de hojas de cálculo tiene una serie de características que a continuación se exponen:

- Para seleccionar varias hojas de cálculo del libro en el que esté trabajando, seleccione una de ellas y pulse el resto que desee seleccionar, manteniendo la tecla **Ctrl** pulsada sin soltarla hasta que finalice la operación.

- Para seleccionarlas todas a la vez, sitúese con el ratón sobre el nombre de una de ellas, haga clic con el botón derecho y pulse la opción **Seleccionar todas las hojas**.

- Para seleccionar el contenido completo de una hoja de cálculo haga clic en el botón que queda entre la intersección de la primera fila y la primera columna, tal como se indica en la siguiente figura:

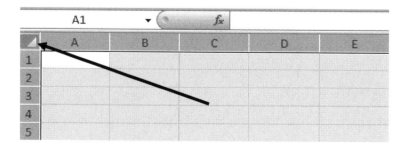

5.6.2 Insertar y eliminar hojas de cálculo

Para insertar una hoja de cálculo nueva seleccione la hoja delante de la que quiere insertar la nueva y, posteriormente, haga clic en la opción **Insertar hoja**, del botón **Insertar**, de la ficha de **Inicio**.

Tal como muestra la figura, la hoja insertada se situará delante de aquella en la que se encontraba y Excel le pondrá el nombre correlativo al número de hojas que tenga insertadas, en este caso Hoja 4.

También podrá insertar una hoja de cálculo nueva haciendo clic sobre el botón **Insertar hoja de cálculo** , situado al final de las pestañas de las hojas de cálculo. En este caso las nuevas hojas se irán colocando correlativamente al final de la última.

En el caso de que necesite eliminar una hoja de cálculo el procedimiento es igual de sencillo. Seleccione la hoja de la quiera desprenderse y haga clic en la opción **Eliminar hoja**, del botón **Eliminar**, del grupo **Celdas**, de la **Cinta de opciones**.

Nota importante: también puede realizar estas operaciones situándose sobre la pestaña de hoja que desee y haciendo clic con el botón derecho del ratón, elegir la opción deseada, ya sea **Insertar** o **Eliminar**.

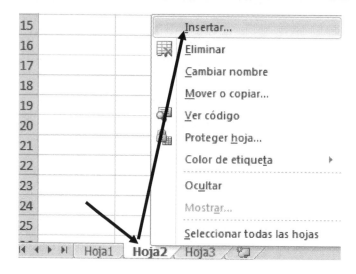

5.6.3 Cambiar el nombre o la posición de las hojas de cálculo

Las hojas de cálculo aparecen ordenadas numéricamente, pero cuando se insertan nuevas hojas el orden puede alterarse.

Si necesita cambiar de posición una hoja de cálculo haga clic sobre la pestaña de la hoja que desea mover y arrástrela con el ratón hasta situarla en la nueva posición que desee darle. Mientras mueve la hoja aparecerá una pequeña flecha negra, señalada en figura posterior, que le indicará dónde quedará situada la hoja en el momento que suelte el ratón.

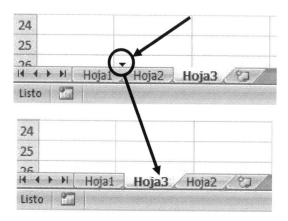

En el caso que lo que desee sea dar un nombre personal a cada hoja, el procedimiento es igualmente muy sencillo. Haga un doble clic sobre la pestaña a la que cambiará el nombre y cuando el texto del nombre quede seleccionado, como se visualiza en la siguiente figura, escriba el nuevo nombre de la hoja y pulse la tecla **Intro**.

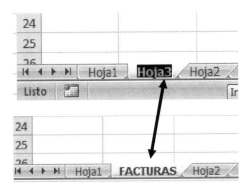

5.7 OPERACIONES CON LIBROS

Los libros de trabajo en Excel 2010, se abren, cierran, copian, pegan, etc., de la misma forma que los documentos de Word 2010, por lo que las explicaciones dadas para el procesador de textos se pueden extrapolar de forma idéntica a las hojas de cálculo.

5.8 EJERCICIO PRÁCTICO

Para una mejor comprensión de los epígrafes referentes a la creación de hojas y libros en Excel 2010 siga las instrucciones que se le indican a continuación:

1. Abra un libro nuevo.

2. Inserte una hoja nueva detrás de la Hoja 2.

3. Ponga a la hoja nueva el nombre de "ENERO".

4. Inserte otra hoja al final de todas las demás.

5. Ponga a la hoja nueva el nombre "FEBRERO".

6. Elimine la Hoja 2 y la Hoja 3.

7. Ponga a la Hoja 1 el nombre "MARZO".

8. Mueva las hojas hasta que queden ordenadas: "ENERO", "FEBRERO", "MARZO".

9. Ponga un nombre al libro y guárdelo en la carpeta de su PC que desee.

10. Abra de nuevo el libro y ciérrelo sin guardar los cambios.

5.9 FORMATOS CON EXCEL

Al introducir datos en las celdas de Excel, estos toman unas determinadas características de formato que habitualmente vienen preestablecidas. Sin embargo, esas características pueden modificarse para adaptarlas a sus gustos y necesidades.

Como ya se mencionó al principio del capítulo, las características de **Fuente** y **Alineación** son semejantes a las utilizadas en Word, por lo que no se eludirá a ellas salvo en alguna excepción que se especificará más adelante, pasando directamente al formato de los **Números**.

5.9.1 Formato de números

Los datos numéricos que se introducen en las celdas pueden adoptar diferentes formatos según las necesidades de cada momento.

Por defecto, Excel asigna a cada tipo de dato un formato **General** que sirve tanto para datos numéricos como de texto, y que si desea cambiar tendrá que seguir los pasos indicados:

1. Seleccione la celda o rango de celdas a las que desea cambiar el formato.

2. Haga clic en la flecha desplegable del botón `General ▼` **Formato de número**.

3. A continuación, aparecerá un nuevo menú en el deberá marcar el tipo de dato numérico que desea: **General**, **Número**, **Moneda**, **Contabilidad**, **Fecha corta**, **Fecha larga**, **Hora**, **Porcentaje**, etc.

4. Haga clic en el que desee y todas las celdas seleccionadas se convertirán al formato indicado.

Tenga en cuenta que, tal como se indicó en el epígrafe **Borrar datos**, cuando borra el contenido de una celda no se eliminan los posibles formatos que contenga, por lo que deberá eliminarlos si desea que la celda vuelva a su estado original.

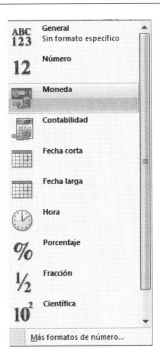

La siguiente figura muestra el cambio de formato en una celda una vez aplicado el formato **Moneda**. Compruebe que en la barra de fórmulas solo aparece 1200, mientras que la celda al haber cambiado su formato muestra el separador de miles, las posiciones decimales y el símbolo del euro.

A2		f_x	1200	
	A	B	C	D
1				
2	1.200,00 €			

Además, existen otras opciones respecto al formato de los números:

- Podrá aumentar o disminuir las posiciones decimales que desee con los botones situados el mismo grupo, **Números**, de la ficha **Inicio**.

- Podrá cambiar el formato de la moneda haciendo clic en el botón **Formato de número de contabilidad** y pulsando la opción deseada, como muestra la figura:

- Podrá dar directamente el **Formato contabilidad** sin símbolo de moneda haciendo clic en el botón **Estilo millares**.

- Podrá dar directamente el **Formato porcentaje** haciendo clic, antes de escribir el dato numérico, en el botón **Estilo porcentual**.

5.9.2 Formato alineación

En el grupo **Alineación** de la ficha de **Inicio** los botones funcionan exactamente igual que en Word. Sin embargo, aparecen otros específicos para Excel que se detallan a continuación:

- En el caso que haya efectuado cambios en el alto y ancho de las filas o columnas, los botones junto con los anteriores, le permitirán alinear con exactitud los datos insertados al tamaño de la celda.

En la siguiente imagen puede ver una celda en la que el texto se ha alineado al centro tanto vertical como horizontalmente.

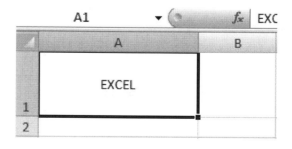

- Si lo que desea es girar el texto haga clic en la flecha desplegable del botón **Orientación** y marque la opción que desee, tal como se visualiza en la siguiente figura:

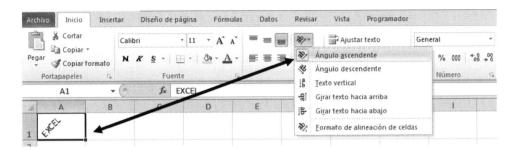

- Para combinar varias celdas y convertirlas en una sola, selecciónelas y haga clic en el botón ⊞⁻ **Combinar y centrar**.

5.9.3 Formato de celdas

Por defecto, los bordes de celda en Excel son invisibles, es decir, al trabajar con ellos usted puede verlos, pero al imprimir su trabajo no aparecerán. En el caso que desee que los bordes de celda aparezcan deberá hacer clic en la flecha desplegable del botón ⊞⁻ **Bordes**, que ya se explicó para el procesador de textos y marcar la opción correspondiente a su necesidad.

De la misma forma, si desea rellenar las celdas con un color de sombreado haga clic en el desplegable del botón ◇⁻ **Color de relleno** y la celda o celdas que mantenga seleccionadas aparecerán pintadas del color elegido.

En el ejemplo que muestra la figura se ha seleccionado el rango de celdas A1:E4 y se ha marcado la opción **Todos los bordes**. Así mismo, el rango de celdas A1:E1 se ha pintado con un color de relleno, de forma que las celdas toman una apariencia totalmente distinta a la inicial.

5.10 EJERCICIO PRÁCTICO

Para una mejor comprensión de los epígrafes referentes a los formatos de celdas en Excel 2010 siga las instrucciones que se le indican a continuación:

1. Abra un libro nuevo y seleccione el rango de celdas C3:G9.

2. Aplique la opción **Todos los bordes** a las celdas seleccionadas.

3. Seleccione el rango de celdas C3:G3 y aplique un color de relleno.

4. Seleccione el rango D9:G9 y aplique otro color de relleno.

5. Seleccione el rango C3:C9 y pulse la opción **Combinar y centrar**.

6. Colóquese en la primera celda de su tabla, la C3, y pulse la opción **Girar texto hacia arriba**.

7. Centre el texto de la primera fila de su tabla, tanto horizontal como verticalmente.

8. Aplique el formato **Moneda** a la última fila de su tabla.

9. Ponga en **Negrita** los datos de la primera y última fila de su tabla.

10. Aplique un **Tamaño de fuente** de 20 puntos a la celda combinada.

11. Inserte el texto que aparece en la siguiente imagen y tendrá la siguiente tabla:

B	C	D	E	F	G	H
	VENTAS	ENERO	FEBRERO	MARZO	ABRIL	
		25,00 €	30,00 €	40,00 €	60,00 €	

5.11 OPERAR CON EXCEL

En los siguientes epígrafes se muestra la manera de realizar operaciones matemáticas con Excel. Pero, para ello, es necesario que antes conozca algunos aspectos clave que posteriormente le resultarán de gran utilidad.

5.11.1 Autollenado

Esta opción de Excel le permitirá realizar varias operaciones:

- **Copiar los datos de una misma celda en varias:** para ello escriba un dato cualquiera (de texto o numérico) en una celda y sitúese con el ratón en el extremo inferior derecho de la misma. Cuando el puntero del ratón se convierta en una cruz[12] haga clic y arrástrelo sin soltarlo tantas celdas como desee y se repetirá el mismo dato en todas ellas.

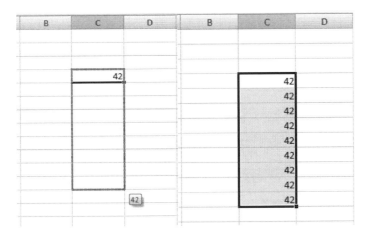

- **Completar series de datos especiales:** en el caso de que una celda contenga un dato especial de fecha, hora, mes, año, etc., al realizar la operación de autollenado Excel completará el resto de celdas con los datos correlativos al que hubiera introducido. Por ejemplo, si introduce el dato *lunes* y arrastra varias celdas con el puntero de autollenado aparecerán sucesivamente el resto de días de la semana, tal como se visualiza en la siguiente imagen.

---

[12] Ver cuadro explicativo de punteros en tabla explicativa **Punteros de selección en Excel** de este mismo capítulo.

- **Completar series de datos numéricos:** si introduce dos datos numéricos en celdas consecutivas, selecciona ambas celdas y realiza un autollenado, Excel completará el resto de celdas siguiendo la serie numérica de los datos introducidos. Por ejemplo si introduce en una celda el número *2* y en la celda consecutiva el número *5*, selecciona ambas y hace un autollenado desde esta última, las siguientes celdas seguirán la serie marcada, en este caso, cada número será el anterior más 3.

- **Completar celdas con fórmulas o funciones:** este caso se estudiará más adelante cuando se expliquen las fórmulas o funciones con Excel.

5.11.2 Referencias a celdas

Al operar con Excel se necesitará en muchas ocasiones utilizar información contenida en otras celdas, de manera que es importante conocer cómo se identifican las mismas. Esta operación en Excel se denomina *Hacer referencia a celdas* y existen varios casos que se detallan a continuación, pero que serán comprendidos en el siguiente epígrafe cuando se realicen operaciones con fórmulas y funciones.

- **Referencias relativas:** son las que se utilizan para referenciar una celda concreta, por ejemplo, la A1. Esto significa que si se traslada la información contenida en esa celda a otra, el nombre de la celda cambia para colocarse en su nueva ubicación.

- **Referencias absolutas**[13]**:** son las que conservan su nombre original aunque se traslade la información a otra celda, es decir, mantiene su posición específica tanto en la fila como en la columna. Para realizar esta operación se utiliza el signo del dólar ($) colocándolo delante de la fila o columna que se desee fijar, por ejemplo, A1.

- **Referencias mixtas:** es una combinación de las dos anteriores, puesto que fijan una de las coordenadas con el símbolo $ permaneciendo la otra como referencia relativa. Por ejemplo, si se fija la fila sería A$1 y si se desea fijar la columna $A1.

5.11.3 Mensajes de error

Es posible que al realizar operaciones matemáticas con Excel puedan aparecer mensajes que le indiquen que no se puede realizar la operación debido a un error. Los errores más habituales que suelen aparecer son:

- **#DIV/01** Indica que hay una división entre 0.

- **#N/A** Indica que la celda no contiene ningún dato.

- **#¡REF!** Indica que se ha suprimido una celda o un rango de celdas incluidas en una fórmula.

- **#¡VALOR!** Indica que en una fórmula hay una celda de tipo texto o que algún operador es incorrecto.

---

[13] Ver epígrafe *5.11.3. Referencias absolutas y mixtas* en este mismo capítulo.

- **#¡NUM!** Indica que el contenido de la fórmula o función utilizada no es correcto.

- **########** Indica que la celda no contiene el ancho suficiente para poder visualizar su contenido, por lo que si desea visualizarlo deberá ampliar el tamaño.

La imagen anterior muestra un mensaje de error en la celda C5 al haberse realizado la función señalada en la **Barra de fórmulas** de manera incorrecta, puesto que matemáticamente no es posible realizar la raíz de un número negativo.

5.12 FÓRMULAS Y FUNCIONES

Sin duda, la funcionalidad del programa Excel viene a través de las fórmulas y funciones de las que nos ocupamos en este epígrafe y que irá comprendiendo a medida que avance en los subepígrafes siguientes.

5.12.1 Fórmulas

Son ecuaciones sencillas que le permitirán calcular valores en una celda a partir de los datos o valores contenidos en otras. Las fórmulas pueden contener datos numéricos, rangos de celdas, referencias a otras celdas, operadores aritméticos, etc., pudiendo realizar multitud de operaciones mediante la sencilla introducción de una fórmula en una celda.

Para introducir una fórmula en Excel siga los pasos indicados:

1. Escriba en varias celdas los datos con los que desea operar.

2. Sitúese en la celda en la que desea introducir la fórmula.

3. Escriba el signo igual (=) en la celda y, posteriormente, haga referencia a las celdas con las que desea operar, indicando el operador aritmético que desea utilizar.

    Podrá hacer referencia a celdas de manera manual, es decir, escribiendo el nombre de las celdas implicadas en la operación o bien haciendo clic con el botón izquierdo del ratón sobre la celda que desea utilizar para operar.

4. Pulse la tecla **Intro** y comprobará que en la celda en la que introdujo la fórmula aparecerá el resultado de la operación y, si vuelve sobre la celda, comprobará que la **Barra de fórmulas** indica la operación realizada.

El siguiente ejemplo se muestra la realización de una operación de suma en la celda C4, en la que se sumarán los datos introducidos en las celdas C1, C2 y C3.

Compruebe en la imagen de la izquierda que, al ir realizando la operación, Excel va bordeando las celdas con diferentes colores que coinciden con el nombre las celdas de la fórmula para que resulte más fácil comprender el contenido de la operación.

La imagen de la derecha muestra el resultado final de la operación realizada, en la que la celda C4 contiene específicamente el resultado mientras que puede comprobar que el contenido real de la celda es una fórmula, que aparece en la **Barra de fórmulas**.

Puede realizar este tipo de operaciones con cualquier otro operador aritmético, multiplicación (*), diferencia (-), división (/), exponente (^), etc. La siguiente figura muestra una operación de exponenciación en la que el contenido de la celda D2 es elevado al contenido de la celda E2.

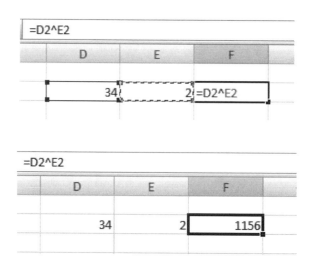

Nota importante: es importante recordar que cualquier fórmula empieza siempre con el signo igual (=) para que Excel interprete que se va a realizar una operación matemática, pues en caso contrario tomará los datos como una cadena de texto y no podrá operar con ellos.

5.12.2 Funciones

Las funciones son fórmulas predefinidas por Excel para que le resulte más rápido realizar operaciones en las que estén implicadas muchas celdas y/o celdas y en las que mediante una palabra o expresión se pueda llegar a realizar cálculos complejos. Existen varias maneras de utilizar las funciones:

5.12.2.1 MEDIANTE EL BOTÓN INSERTAR FUNCIÓN

El uso de las funciones es sencillo, siguiendo los pasos indicados.

1. Sitúese en la celda en la que desee operar y haga clic en el botón **Insertar función** (*f*x) (indicado en la figura) de la **Barra de fórmulas** y aparecerá la ventana mostrada:

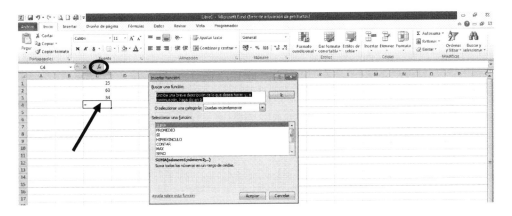

2. Seleccione una función de las que aparecen en la parte inferior de la ventana. En principio aparecen todas las funciones disponibles, que podrá visualizar mediante la barra de desplazamiento.

   También podrá elegir una categoría con el desplegable (matemáticas, financieras, búsqueda, etc.) para que le muestre solo las funciones pertenecientes a la misma, limitando así su búsqueda.

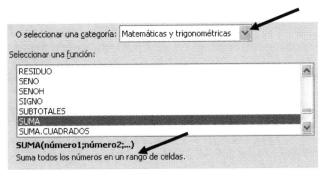

   Observe que la parte inferior de la ventana, muestra el nombre completo y una breve explicación de la operación que realiza la función seleccionada, en este caso, la función SUMA.

3. A continuación, haga clic en el botón **Aceptar**. Aparecerá una ventana como la siguiente en la que deberá insertar los **Argumentos de la función**.

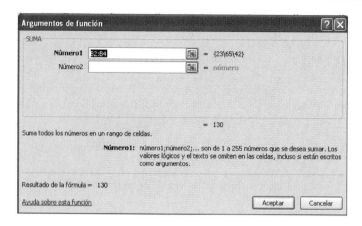

4. Para insertar los argumentos, es decir, los datos o celdas con las que deberá operar Excel para obtener el resultado, haga clic el botón 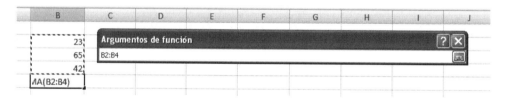 y le llevará a la hoja de cálculo en la que deberá seleccionar la celda o rango de celdas que desee. Vuelva a hacer clic en el mismo botón, señalado en la figura siguiente para volver a la ventana inicial.

5. Repita la operación anterior con todos los argumentos que contenga la función.

6. Cuando haya terminado de incluir todos los argumentos, haga clic en **Aceptar** para ver el resultado de la operación.

Puede realizar este proceso para tantas funciones y tantos datos como usted desee; siempre que siga los pasos indicados, llegará al resultado final correcto.

5.12.2.2 DE FORMA MANUAL

Si lo desea, este tipo de operaciones puede realizarlas manualmente, de una forma más sencilla y cómoda, sin necesidad de utilizar el cuadro **Insertar función**.

Para ello siga los pasos que se indican:

1. Sitúese en la celda en la que realizará la operación.

2. Escriba el signo igual en la celda.

3. Si conoce cómo comienza el nombre de la función vaya tecleándolo y Excel le irá sugiriendo el nombre de funciones que coinciden con su texto.

   Por ejemplo, si desea obtener una suma, una vez haya escrito el signo igual (=) continúe escribiendo la palabra SUMA. El propio programa le sugerirá todas aquellas funciones que comiencen con este texto, tal como puede visualizarse en la siguiente figura:

4. Cuando localice la función haga un doble clic sobre ella y la función se colocará en la celda seleccionada, como muestra la figura siguiente.

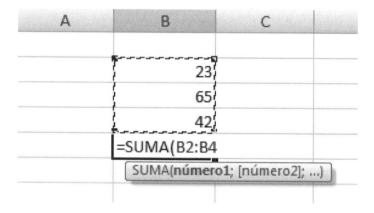

5. Seleccione el rango de celdas con el que desea operar para que se coloquen dentro de la celda en la que aparece la función. Compruebe en la siguiente figura que el rango de celdas seleccionado queda insertado en la función.

6. Cierre el paréntesis para completar la función y pulse la tecla **Intro**.

Nota importante: tenga en cuenta que siempre hay que cerrar los paréntesis de las funciones para que éstas puedan operar. No se olvide de ellos. No obstante, en ocasiones en las que las funciones o fórmulas introducidas son sencillas, o bien en los casos en que haya utilizado el botón **Insertar función**, el propio programa introducirá dichos paréntesis finales.

5.12.2.3 MEDIANTE EL BOTÓN AUTOSUMA

Existe un botón en Excel que le permitirá operar con las funciones más habituales de manera rápida y sencilla; el botón **Autosuma**, situado en el grupo **Modificar**, la ficha **Inicio**, **Cinta de opciones**.

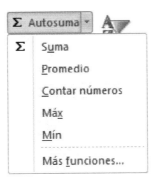

Para su utilización siga los pasos indicados:

1. Sitúese en la celda en la desea operar.

2. Haga clic en el desplegable del botón **Autosuma**, que se visualiza en la figura anterior.

3. Haga clic en la fórmula que desea aplicar. En este caso utilizaremos la fórmula **Promedio**, que calculará la media de habitantes entre las ciudades señaladas.

4. Tal como muestra la siguiente figura, directamente aparecerá la fórmula con un rango de celdas seleccionado.

5. Si el rango de celdas seleccionado por Excel es con el que desea operar pulse **Intro** y habrá finalizado el proceso

6. S el rango propuesto por Excel no coincide con el que necesita, seleccione el rango que desea y pulse **Intro**.

SUMA			X ✓ fx	=PROMEDIO(C3:C6)	
	A	B	C	D	E
1					
2					
3	HABITANTES BARCELONA		1200000		
4	HABITANTES MADRID		3400000		
5	HABITANTES VALENCIA		690000		
6	HABITANTES SEVILLA		450000		
7		MEDIA	=PROMEDIO(C3:C6)		
8			PROMEDIO(**número1**; [número2]; ...)		
9					

Puede repetir este proceso para cualquier función y para todos los datos que desee, pero siempre teniendo en cuenta las siguientes premisas:

- Una función en Excel tiene siempre la misma estructura, que deberá seguir en todos los casos para que no se produzcan errores. La estructura es la siguiente: signo igual, nombre de la función, abrir paréntesis, argumentos de la función, cerrar paréntesis. Ponga todos los elementos sin dejar ningún espacio de separación entre ellos para que las fórmulas funcionen. Por ejemplo: =SUMA(argumentos).

- En el caso de que utilice varios operadores dentro de una misma fórmula, Excel siempre establecerá una prioridad entre ellos, de la misma forma que en el lenguaje matemático común, es decir, primero multiplicaciones y divisiones y, posteriormente, sumas y restas. Para cambiar estas prioridades puede utilizar paréntesis igual que en las matemáticas comunes.

- Puede utilizar varias fórmulas o funciones dentro de la misma (concatenadas o anidadas) de manera que podrá realizar operaciones que resuelvan un problema en una misma celda, tal como muestra la siguiente imagen, para el cálculo de una nómina.

	A	B	C	D	E	F
1						
2						
3						
4	Sueldo Bruto	Dietas	IRPF	SS	Sueldo Neto	
5	1.600,00 €	350,00 €	250,00 €	120,00 €	=SUMA(A5:B5)-SUMA(C5:D5)	
6						

- Puede utilizar el autollenado de celdas para realizar una operación que se repite en varias celdas pero con distintos datos. En el siguiente ejemplo se ha utilizado el autollenado para repetir los datos de las columnas C y D así como para repetir la fórmula de la columna E, en la que se calcula el resultado deseado.

B15		f_x		
	A	B	C	D	E

	A	B	C	D	E
1					
2		**SALARIOS DEL MES DE MARZO**			
3					
4	Sueldo Bruto	Dietas	IRPF	SS	Sueldo Neto
5	1.600,00 €	350,00 €	250,00 €	120,00 €	1.580,00 €
6	1.500,00 €	120,00 €	250,00 €	120,00 €	1.250,00 €
7	2.100,00 €	400,00 €	250,00 €	120,00 €	2.130,00 €
8	950,00 €	- €	250,00 €	120,00 €	580,00 €
9	1.490,00 €	250,00 €	250,00 €	120,00 €	1.370,00 €
10					
11					

Nota importante: cuando inserte el número 0 en una celda con formato de contabilidad, en lugar de visualizarse el número verá un guión con el símbolo €. De esta manera Excel reconoce que la celda cuenta con un 0 a la hora de realizar operaciones matemáticas.

5.12.3 Referencias absolutas y mixtas

En ocasiones puede ocurrir que al utilizar el autollenado de celdas con aquellas en las que exista una fórmula o función, no se realice la operación correctamente al encontrarse determinados datos en celdas que deben permanecer fijas.

Observe el ejemplo de la siguiente figura, en el que se desea calcular el total de ventas teniendo en cuenta el IVA de las operaciones, que se encuentra en la celda B9.

Si para el cálculo de la cuota de IVA para cada producto realiza un autollenado desde la celda E6, lo que ocurrirá es que al multiplicar por la B9 irá descendiendo la fórmula y se irá encontrando celdas vacías.

	A	B	C	D	E	F	G	H	I
1									
2			**VENTAS**						
3									
4									
5		unidades	precio	total	iva	total			
6	zapatos	25	200,00€	5.000,00€	1.050,00€				
7	bolsos	64	150,00€	9.600,00€	2.016,00€				
8	cinturones	45	350,00€	15.750,00€	3.307,50€				
9	IVA	21%	TOTALES	30.350,00€	6.373,50€	0,00€			

ANA:
REFERENCIAS ABSOLUTAS: mantiene fija tanto fila como columna
D6*B9

Para solucionar este problema Excel permite bloquear la celda, en este caso la B9, de manera que al realizar el autollenado siempre cogerá la misma celda.

En el ejemplo sería suficiente con bloquear la fila haciendo una **Referencia mixta** (B$9), puesto que la columna no se va a mover. Sin embargo, para mayor seguridad se bloquean ambas realizando una **Referencia absoluta** (B9). El resultado será el siguiente:

	E6		fx	=D6*B9		
	A	B	C	D	E	F
1						
2			**VENTAS**			
3						
4						
5		unidades	precio	total	iva	total
6	zapatos	25	200,00€	5.000,00€	1.050,00€	6.050,00€
7	bolsos	64	150,00€	9.600,00€	2.016,00€	11.616,00€
8	cinturones	45	350,00€	15.750,00€	3.307,50€	19.057,50€
9	IVA	21%	TOTALES	30.350,00€	6.373,50€	36.723,50€

No en todos los casos la utilización de las **Referencias absolutas y mixtas** es tan sencilla dado que, en ocasiones, para que la tabla de Excel opere correctamente solo es necesario bloquear o fijar las filas o las columnas, y no ambas a la vez.

En estos casos deberá utilizar las referencias mixtas y, antes de ello, pararse a pensar qué le interesa fijar: ¿las filas o las columnas? No se preocupe, tan solo es cuestión de práctica y puede empezar a hacerlo, ya que a continuación se muestra un ejemplo de **Referencias absolutas y mixtas** más completo, en el que se deben calcular los intereses de ciertos capitales, teniendo en cuenta que la fórmula de la que se partirá es:

Intereses = Capital × Tiempo × Tipo de interés

	C18		▼	*fx*	=$B18*C$17*E23				
	A	B	C	D	E	F	G	H	I
12									
13									
14									
15		Tabla de intereses simples							
16									
17		tiempo (n)	1	5	10				
18		1.000.000	100.000	500.000	1.000.000				
19	capital (C)	2.500.000	250.000	1.250.000	2.500.000				
20		5.000.000	500.000	2.500.000	5.000.000				
21		10.000.000	1.000.000	5.000.000	10.000.000				
22									
23				Tipo interés	10%				

Ana:
$B18*C$17*E23

-$B18. Bloqueamos la columna, ya que vamos a desplazarnos hacia la derecha y no queremos que se mueva el capital.

-C$17. Bloqueamos la fila, ya que vamos a desplazarnos hacia abajo y no queremos que se mueva el tiempo.

-E23. Bloqueamos ambas porque el porcentaje está aislado en una celda independiente y no queremos que se modifique en ningún sentido.

5.13 EJERCICIO PRÁCTICO

Para una mejor comprensión de los epígrafes referentes a fórmulas y funciones en Excel 2010 siga las instrucciones que se le indican a continuación:

1. Abra un libro nuevo y copie los datos de la siguiente tabla, aplicando los formatos tal y como los visualiza en la siguiente figura y teniendo en cuenta que la última fila del TOTAL deberá realizarla con la función SUMA.

PEDIDOS REALIZADOS						
FECHA	Word	Excel	Access	Power	Outlook	Internet
10-10-10	10	15	17	15	7	9
12-10-10	15	16	18	25	10	14
24-10-10	12	16	18	26	21	15
30-10-10	16	12	14	19	20	16
TOTAL	53	59	67	85	58	54

2. Ahora realizará la factura de liquidación de los libros anteriores en una tabla como la siguiente, dentro de su misma hoja de cálculo.

▲	A	B	C	D	E	F	G
1							
2							
3			Nº unidades	Precio	Importe	IVA	Total
4		Word	53	11,26 €			
5		Excel	59	10,50 €			
6		Access	67	12,65 €			
7		Power Point	85	13,48 €			
8		Outlook	58	10,54 €			
9		Internet	54	19,00 €			
10				TOTAL FACTURA			0,00 €
11							
12				IVA	21%		

3. A continuación, complete la tabla realizando los cálculos con fórmulas o funciones de Excel, utilizando el autollenado de celdas y las referencias absolutas o mixtas, según proceda. El resultado será el siguiente:

▲	A	B	C	D	E	F	G
1							
2							
3			Nº unidades	Precio	Importe	IVA	Total
4		Word	53	11,26 €	596,78 €	125,32 €	722,10 €
5		Excel	59	10,50 €	619,50 €	130,10 €	749,60 €
6		Access	67	12,65 €	847,55 €	177,99 €	1.025,54 €
7		Power Point	85	13,48 €	1.145,80 €	240,62 €	1.386,42 €
8		Outlook	58	10,54 €	611,32 €	128,38 €	739,70 €
9		Internet	54	19,00 €	1.026,00 €	215,46 €	1.241,46 €
10				TOTAL FACTURA			5.864,81 €
11							
12				IVA	21%		

5.14 GRÁFICOS EN EXCEL

Excel posibilita mostrar los datos numéricos insertados en una tabla en vistosos gráficos que facilitarán de manera rápida y eficaz la comprensión del contenido de las hojas de cálculo.

5.14.1 Crear gráficos em Excel

Para crear gráficos deberá tener previamente realizada una tabla en Excel y seguir los pasos que se indican a continuación:

1. Seleccione el rango de datos que desea convertir en un gráfico. En este caso seleccionamos la tabla completa, es decir, el rango A2:D7.

	A	B	C	D
1				
2		USUARIOS TRANSPORTE PÚBLICO		
3		2010	2011	2012
4	BUS	2427053	2835906	2650508
5	METRO	1664678	1854461	1519525
6	CERCANIAS	1538021	300890	3095265
7	INTERURBANOS	2320915	400687	811107

2. En el grupo **Gráficos**, de la ficha **Insertar**, de la **Cinta de opciones**, existe la posibilidad de elegir varios gráficos: de columnas, circulares, de barras, etc.

3. Dentro de cada categoría de gráfico podrá elegir uno concreto dentro de cada subcategoría. Por ejemplo, dentro de los gráficos de **Columna** podrá optar por las subcategorías *2D*, 3D, Cilíndrico, Pirámide, etc. En este caso eligimos el primero de los gráficos en 2D haciendo clic sobre él.

4. Ahora aparecerá en la hoja el gráfico correspondiente a los datos seleccionados, tal como se visualiza en la siguiente figura:

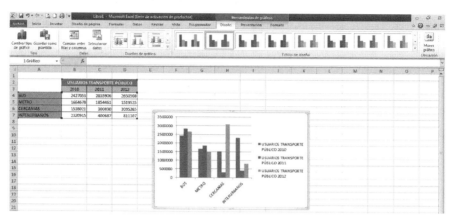

5.14.2 Opciones de gráficos

Una vez insertado un gráfico, dispone de una amplia gama de opciones para que pueda modificarlo a su gusto y según sus necesidades. Para poder utilizar cualquiera de estas opciones es necesario que, previamente, tenga el gráfico seleccionado.

Para seleccionar el gráfico debe situarse encima y hacer un solo clic con el ratón. Comprobará que cuando está seleccionado aparece un marco rodeando al gráfico que desaparecerá en el momento que salga de la selección, situándose en cualquier otro punto de su hoja de cálculo. Compruebe en la imagen anterior el gráfico seleccionado.

Cuando mantiene seleccionado un gráfico aparecen en la **Cinta de opciones** tres nuevas pestañas, señaladas en la siguiente imagen: **Diseño**, **Presentación** y **Formato** con las que podrá realizar infinidad de modificaciones en los gráficos, algunas de las cuales se detallan a continuación.

- **Estilos de diseño:** esta opción le permitirá modificar el estilo del gráfico aplicado por Excel, siguiendo los pasos indicados:

  1. Seleccione el gráfico.

2. Haga clic en el desplegable **Más**, del grupo **Estilos de diseño**, de la ficha **Diseño**, de la **Cinta de opciones**.

3. Entre los estilos de gráfico que se le muestran elija uno de ellos haciendo clic con el botón izquierdo del ratón. En el ejemplo se elije el estilo 12.

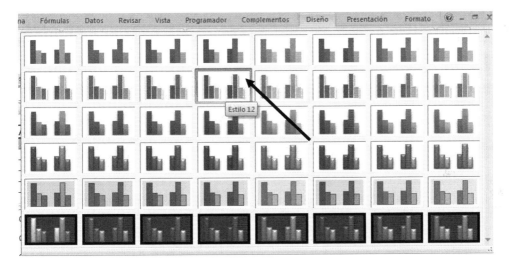

4. Si no le convence este nuevo estilo repita la operación tantas veces como sea necesario hasta conseguir aquel que más le satisfaga.

Nota importante: también puede realizar esta operación sin necesidad de desplegar el grupo **Estilos de Diseño** completo, moviéndose hacia arriba o hacia abajo con las flechas de desplazamiento ⬍ situadas sobre el botón desplegable de los diseños.

5. Ahora su gráfico habrá cambiado de estilo.

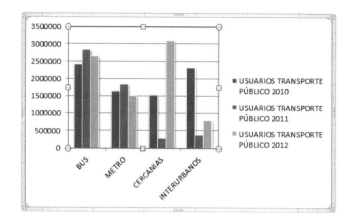

- **Diseños de gráfico:** si no le convenció el diseño aplicado por Excel a su gráfico esta opción le permitirá modificarlo mediante una sencilla operación que consistente en:

1. Seleccione el gráfico.

2. Haga clic en el desplegable del grupo **Diseños de gráfico**, de la ficha **Diseño**, de la **Cinta de opciones**.

3. Seleccionar uno de los gráficos que aparecen como opción haciendo clic sobre él.

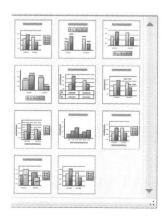

- **Cambiar tipo de gráfico:** para modificar completamente el tipo de gráfico que eligió, Excel le proporciona esta opción que le permitirá acceder a una ventana en la que se muestran todos los gráficos disponibles. Solo tiene que seguir los pasos indicados:

1. Seleccione el gráfico y haga clic en el botón **Cambiar tipo de gráfico** del grupo **Tipo**, de la ficha **Diseño**, de la **Cinta de opciones**.

2. En la nueva ventana haga clic en la categoría de gráfico que desea (columnas, líneas, circulares, etc.).

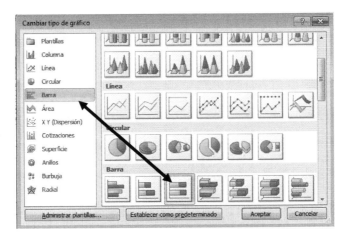

3. Haga clic en el gráfico deseado y pulse la tecla **Aceptar**.

4. Ahora ya tendrá su nuevo gráfico.

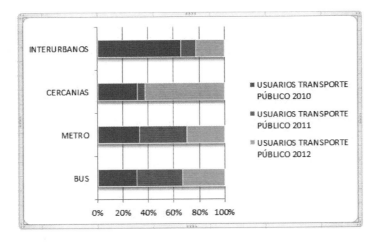

- **Cambiar entre filas y columnas:** esta opción le permitirá modificar la visualización de los ejes del gráfico, de forma que donde anteriormente estaría el eje X ahora estará el eje Y, y viceversa, a través del botón del mismo nombre situado en el grupo **Datos**, de la ficha **Diseño**, de la **Cinta de opciones**.

La siguiente figura muestra el gráfico anterior al que se le han modificado los ejes de manera que donde antes indicaba el tipo de transporte ahora indica los años comparados, y viceversa.

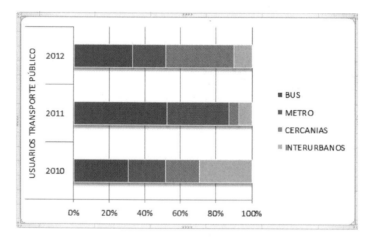

- **Título del gráfico:** podrá poner un nombre a su gráfico siguiendo los pasos indicados:

    1. Haga clic en el botón **Título del gráfico**, del grupo **Etiquetas**, de la ficha **Presentación**, de la **Cinta de opciones**.

2. Elija el tipo de título que desea, como muestra la imagen siguiente:

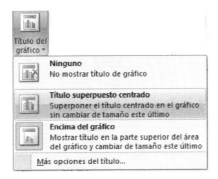

3. Escriba el nombre del gráfico dentro del cuadro de texto que aparece seleccionado en el área del mismo. Si por alguna razón perdió la selección del cuadro de texto puede recuperarla haciendo clic sobre él y volviendo a escribir, o también puede modificar el texto según sus necesidades.

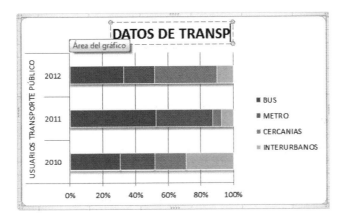

- **Rótulos de eje:** podrá poner un nombre a cada uno de los ejes que componen su gráfico siguiendo los pasos indicados:

    1. Haga clic en el botón **Rótulos de eje**, del grupo **Etiquetas**, de la ficha **Presentación**, de la **Cinta de opciones**.

    2. Elija una opción, bien para el eje horizontal, bien para el eje vertical o para ambos, teniendo en cuenta que deberá realizar la operación por separado. Esto es, primero aplicará una y, posteriormente, deberá aplicar otra, ya que no pueden hacerse simultáneamente.

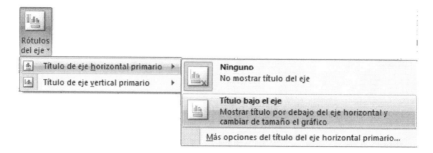

3. Escriba en el cuadro de texto el nombre que desea darle al eje, tal como lo hizo con el título del gráfico.

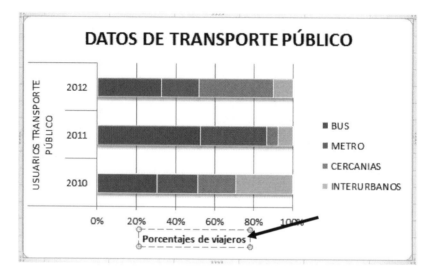

- **Leyenda:** con esta opción, situada en el grupo **Etiquetas**, podrá poner, quitar o modificar la leyenda de los datos que componen su gráfico.

  Para ello haga clic en el desplegable del mencionado botón y elija una opción; en el ejemplo hemos elegido la opción **Desactivar leyenda**, que puede visualizar en la imagen que vemos a continuación.

  Así mismo, la figura muestra también el nuevo aspecto del gráfico de datos que, ahora, aparece sin la leyenda que se visualizaba en las versiones anteriores.

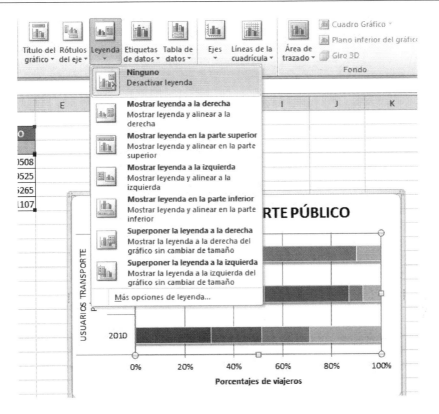

- **Etiquetas de datos:** con esta opción podrá poner, quitar o modificar las etiquetas de los datos de los que procede su gráfico. Para ello haga clic en el desplegable del botón del mismo nombre y elija una opción entre las que se le ofrecen.

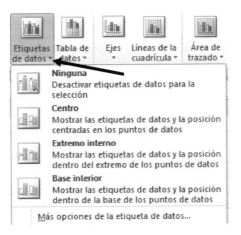

En la figura del ejemplo dejaremos la opción **Ninguna**, de manera que no se incluirán etiquetas de datos.

- **Ejes**: podrá elegir entre mostrar todos, ninguno o solo alguno de los ejes de su gráfico con la opción del mismo nombre situada en el grupo **Ejes**, de la ficha **Presentación**, que se visualiza en la siguiente imagen:

Elija una opción para cada eje; horizontal, vertical o para ambos, teniendo en cuenta que deberá realizar la operación por separado.

- **Estilos de forma**: podrá cambiar el aspecto de su gráfico mediante las opciones situadas en el grupo **Estilos de forma**, de la ficha **Formato**, de la **Cinta de opciones**.

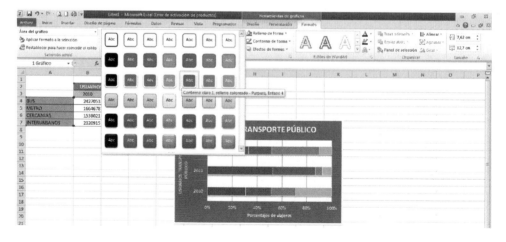

Para cambiar el estilo general del gráfico haga clic en el desplegable y, posteriormente, elija una opción entre las que se ofrecen. Su gráfico cambiará de aspecto radicalmente si opta por una opción como la que hemos elegido para nuestro ejemplo y que puede visualizar en la figura anterior.

También podrá modificar el relleno de forma y el contorno del gráfico con los botones del mismo nombre incluidos en el grupo **Estilos de forma** y que se visualizan en la siguiente pantalla:

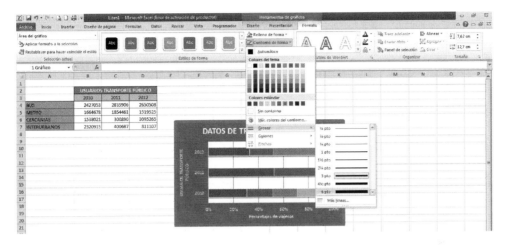

Por último, también podrá darle al gráfico **Efectos de forma**, con el botón situado en el mismo grupo (**Estilos de forma**). Existen efectos de **Sombra**, **Resplandor**, **Bisel**, etc.

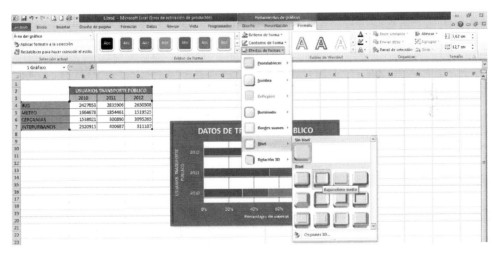

Elija la opción que más le guste y marque uno de los efectos haciendo clic sobre él. También puede ir probando diferentes formas situándose encima de las opciones, pero sin llegar a hacer clic hasta que escoja uno de ellos. En el ejemplo de la imagen anterior se ha utilizado el efecto **Bisel**.

- **Estilos de Word Art:** le permitirá modificar el estilo de los textos que contenga su gráfico. Haga clic en cualquiera de las opciones que se le presentan en el botón **Estilos de Word Art**, de la ficha **Formato**, de la **Cinta de opciones**, y siga los pasos de manera similar a como los realizó en el punto anterior, como puede ver en la siguiente figura:

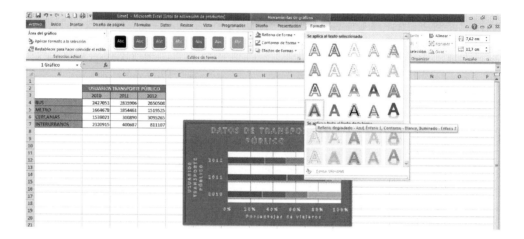

- **Tamaño:** si lo desea podrá modificar el tamaño de su gráfico de una forma muy sencilla; consiste en desplazarse por las flechas del grupo **Tamaño**, de la ficha **Formato**, tal cual se muestra en la figura:

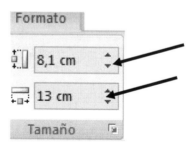

Suba o baje con las flechas dependiendo de su necesidad en función de si desea modificar el alto o el ancho de su gráfico.

5.15 EJERCICIO PRÁCTICO

Para una mejor comprensión de los epígrafes referentes a gráficos en Excel 2010 siga las instrucciones que se le indican a continuación:

1. Abra un nuevo libro de Excel y copie en la Hoja 1 la siguiente tabla:

	A	B	C
1			
2	SECCIONES	RECAUDACION 2009	RECAUDACION 2010
3	Ropa	60000	75000
4	Alimentación	45000	40000
5	Electrodomésticos	72000	80000
6	Recambios	23500	22600
7	Juguetería	35000	39000
8	Jardinería	42000	41500
9			

2. Seleccione toda la tabla y haga clic en el botón **Gráficos**, de la ficha **Insertar**.

3. Elija un gráfico de **Columnas**, de la subcategoría **Cilíndrico**.

4. A continuación, elija un **Estilo de Diseño** a su gusto.

5. Cambie en los ejes **Filas por columnas**.

6. Ponga al gráfico el nombre de "RECAUDACIÓN SUPERMERCADOS", en la opción **Encima del gráfico**.

7. En el botón **Rótulos de eje verticales** haga clic en **Título girado** y escriba el nombre "MILES DE EUROS".

8. Aplique un **Estilo de forma**, de la ficha **Formato**.

9. Aplique un **Contorno de forma** del color deseado, con un grosor de 6 puntos y tendrá un gráfico como el siguiente:

Capítulo 6

MULTIMEDIA

Dentro del Sistema Operativo Windows 7 encontrará diversas herramientas sencillas que le permitirán trabajar con archivos de vídeo, fotografía y audio. Podrá abrir una fotografía propia en el equipo, reproducir un vídeo grabado o en formato DVD, escuchar música y trasladarla a un CD de audio, etc.

6.1 VISUALIZADOR DE FOTOS

Esta herramienta le servirá para visualizar fotografías, ampliar o reducir el tamaño de la imagen utilizando la herramienta del *zoom*, organizar todas las fotografías que se encuentren almacenadas en sus carpetas e incluso imprimir aquellas que desee de forma directa. También se podrán visualizar fotografías directamente desde su cámara digital e incluso desde un dispositivo externo en formato CD o DVD.

Para realizar el proceso de visualización de las imágenes para posteriormente enviarla a imprimir, organizar, etc., deberá seguir los siguientes pasos:

1. Abra el botón **Inicio** y seleccione la opción **Imágenes**. Dentro de la ventana correspondiente a las imágenes del sistema seleccione la carpeta **Imágenes de muestra**.

2. Dentro de la carpeta **Imágenes de muestra** encontrará diferentes fotografías ya organizadas. Para abrir cualquiera de ellas deberá hacer doble clic y se abrirá automáticamente el *Visualizador de fotos* del sistema operativo Windows 7.

3. De forma inmediata se mostrará la imagen en pantalla completa, y será en esta misma pantalla donde se nos permitirá realizar diferentes operaciones utilizando la barra de herramientas situada en la parte inferior de la misma:

- **Aumentar o disminuir el zoom:** en la parte inferior de la ventana se muestra un icono en forma de lupa que le permitirá aumentar o disminuir el factor de visión de la imagen. Al hacer clic sobre él se mostrará una barra de estado en la que, utilizando el ratón, podrá subir o bajar el *zoom* de la imagen.

- **Devolver a la imagen su estado original:** para que la imagen vuelva a tener su estado y tamaño original puede pulsar el icono situado a la derecha, llamado **Tamaño real**.

- **Avanzar o retroceder por las imágenes:** para realizar esta acción utilice los botones **Anterior** y **Siguiente** de forma que las imágenes roten por la pantalla de forma organizada.

- **Ver la imagen en modo presentación:** el icono situado en la parte central de la barra de herramientas, justo entre los iconos para avanzar o retroceder por las imágenes, le permitirá visualizar todas las fotografías que se encuentren almacenadas en la misma carpeta en forma de presentación de diapositivas. Para cerrar esta vista y volver a la pantalla correspondiente al visualizador de imágenes deberá pulsar la tecla **Esc**.

- **Girar la imagen:** los botones situados en la parte derecha de la barra de herramientas le permitirán rotar o girar la imagen 90 grados en el sentido indicado. Cada vez que haga clic en cualquiera de estos dos iconos la imagen será girada 90 grados.

4. Además de todas las operaciones explicadas en el punto anterior, la ventana *Visualizador de imágenes* cuenta con una barra de menús en la parte superior desde la que podrá realizar acciones como:

- **Imprimir la imagen:** para ello deberá hacer clic sobre el menú **Imprimir** y, seguidamente, seleccionar la opción **Imprimir**.

A continuación, se mostrará una nueva ventana donde deberá seleccionar el formato en el que desea imprimir la imagen, el tamaño, la calidad del papel, el número de copias que desea imprimir, etc. El proceso finaliza en el momento en el que haga clic sobre el icono **Imprimir**.

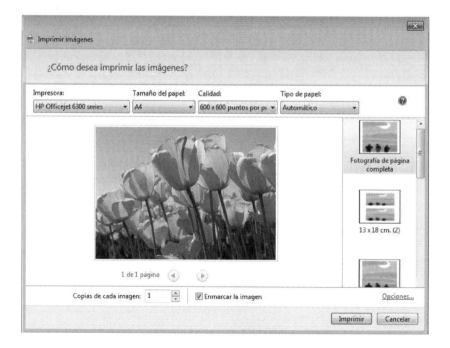

6.2 REPRODUCCIÓN DE MÚSICA Y VÍDEO

El sistema operativo Windows 7 cuenta con diferentes herramientas de software para reproducir música digital y para visualizar películas de vídeo en alta resolución. La aplicación a destacar, en este caso, recibe el nombre de *Reproductor de Windows Media*. Desde este programa (que se instala de forma directa con el sistema operativo Windows 7) podrá reproducir un CD de audio, una película de vídeo, organizar sus archivos de música para escucharlos de manera ordenada, etc.

Para abrir y reproducir un archivo en el Reproductor de Windows Media deberá seguir los siguientes pasos:

1. Abra el botón **Inicio** y seleccione la opción **Todos los Programas**. En el listado de programas mostrado haga clic sobre **Reproductor de Windows Media**.

2. De forma inmediata, se mostrará una ventana con el listado de archivos de audio y vídeo almacenados en sus carpetas personales.

3. Para reproducir un archivo correspondiente a una canción o un álbum completo deberá hacer doble clic sobre el mismo y esperar la reproducción automática en su equipo.

Las operaciones que podrá realizar una vez seleccionada una canción desde esta misma ventana correspondiente al Reproductor Windows Media son las siguientes:

- **Pausar o Reproducir el audio:** utilizando el icono situado en la parte central de la barra de herramientas pausará o reanudará la audición del archivo seleccionado.

- **Avanzar o Retroceder una canción:** si se han seleccionado varios archivos de audio o canciones se podrá avanzar o retroceder por los mismos para seleccionar aquella melodía que se desea escuchar.

- **Aumentar o Disminuir el volumen:** utilizando la barra deslizante que se encuentra en la zona derecha de la barra.

- **Detener la reproducción:** para interrumpir la canción en el momento deseado.

- **Activar Repetición:** si activa este icono se reproducirá la canción seleccionada de forma automática y repetitiva hasta que vuelva a hacer clic sobre el mismo para desactivar esta opción.

- **Activar modo aleatorio:** este último icono permitirá que las canciones seleccionadas se reproduzcan de forma aleatoria y no siguiendo la lista organizada.

6.2.1 Grabar o reproducir un CD de música

En ocasiones deseará reproducir archivos de audio contenidos en un CD externo. En este caso, el procedimiento será igual de sencillo que con los archivos contenidos en sus carpetas. Para reproducir un CD de música deberá seguir los siguientes pasos:

1. Introduzca el CD de música en su unidad de CD-ROM.

2. De forma automática comenzará la reproducción de su CD de audio a través del Reproductor Windows Media y se mostrará la ventana correspondiente a la aplicación con el listado de canciones contenidas en el CD insertado.

Una de las opciones con las que cuenta es la de copiar los archivos de audio que desee y depositarlos en el disco duro de su ordenador, de este modo se evitará tener que introducir el CD de forma física cada vez que quiera escuchar una de sus canciones. Para realizar este proceso deberá seguir los siguientes pasos:

1. En primer lugar, deberá seleccionar aquellas canciones que desea copiar al Reproductor Windows Media. Para ello deberá hacer clic en las casillas de verificación de cada una de las canciones elegidas, bien para activarla o bien para desactivarla.

2. Una vez seleccionadas todas las canciones deberá pulsar el icono situado en la parte superior denominado **Copiar desde CD**.

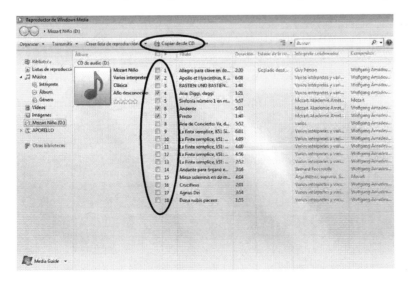

3. El sistema comenzará automáticamente a copiar cada una de las pistas seleccionadas a la denominada biblioteca de archivos a la que podrá acceder desde la parte izquierda de la ventana del reproductor.

4. Una vez finalizada la copia de las canciones se mostrarán en la pantalla principal junto con el resto de canciones, aunque en este caso se organizarán todas ellas dentro del disco concreto desde el que se hayan grabado. Podrá modificar el título de las canciones si lo desea haciendo clic con el botón derecho del ratón sobre cada una de ellas y seleccionando la opción **Editar**.

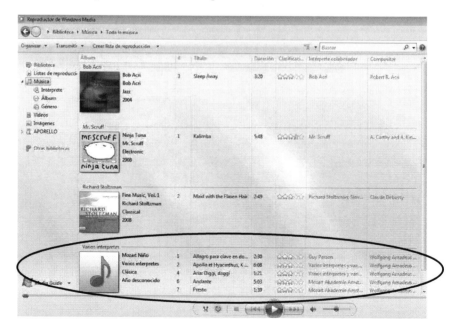

También podrá grabar sus propios CD de música con todas las canciones que tenga almacenadas en el disco duro de su ordenador, de este modo podrá reproducirla en cualquier otro dispositivo o equipo de música fuera de su ordenador.

Para realizar esta operación necesitará disponer de grabadora de CD o DVD en su ordenador y también será necesario un disco vacío o virgen. Seguidamente realice los siguientes pasos:

1. Si todavía se encuentra en la ventana correspondiente al Reproductor de Windows Media tendrá que hacer clic sobre la pestaña **Grabar**. Si, por el contrario, ya cerró la aplicación, en el momento en el que inserte el CD en la unidad correspondiente se abrirá una ventana donde le ofrecerá directamente realizar esta operación, tal y como puede observar en las siguientes figuras:

2. Una vez en dentro de la pestaña **Grabar**, deberá seleccionar las canciones que desea grabar y, utilizando el ratón, deberá arrastrarlas hacia la zona de grabación situada en la parte derecha de la ventana.

3. En la parte superior de la zona de grabación el programa le irá informando del total de minutos disponibles para completar el CD. De este modo podrá ir incorporando canciones hasta que el espacio del disco quede completo.

4. En caso de necesitar eliminar canciones del disco podrá o bien seleccionar la canción y presionar la tecla **Supr**, o bien arrastrar la canción nuevamente a la zona de la lista de reproducción de la parte izquierda de la ventana, es decir, devolviendo a su estado original la canción seleccionada.

5. Una vez que todas las canciones deseadas se encuentran en la lista de grabación, deberá pulsar el icono denominado **Iniciar grabación**, situado en la parte superior, para que comience el proceso.

6. De forma inmediata comenzará el progreso de grabación. El programa le informará del tiempo de la grabación y también le dará la posibilidad de **Cancelar** el trabajo en cualquier momento. Una vez terminada toda la grabación se expulsará automáticamente el CD insertado y toda la operación quedará concluida.

6.2.2 Reproducir un archivo de vídeo

La forma de reproducir archivos de vídeo es similar a la explicada para reproducir archivos de audio. Podrá utilizar de igual forma el Reproductor de Windows Media y le resultará igual de sencillo una vez se ha familiarizado con él.

Para reproducir un archivo de vídeo deberá seguir los siguientes pasos:

1. Una vez dentro de la aplicación Reproductor de Windows Media, encontrará en la parte izquierda de la pantalla un apartado correspondiente a **Vídeos**.

2. Al hacer clic sobre este apartado se abrirán todas las películas de vídeo que contiene el reproductor, de modo que para visualizar uno de ellos solamente deberá hacer doble clic sobre el que desee.

Si lo que tiene son archivos de vídeo guardados en sus carpetas personales el proceso será el mismo. Es decir, haga doble clic sobre el archivo en cuestión y automáticamente se procederá a su reproducción automática con la misma aplicación.

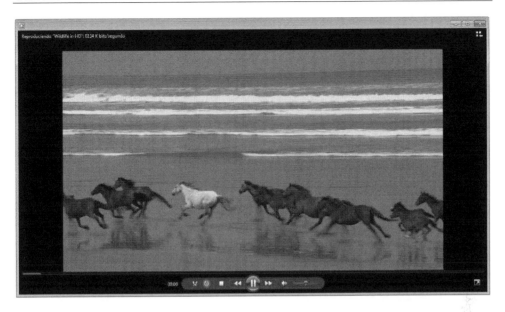

Las herramientas a utilizar con los vídeos son las mismas que las explicadas para los archivos de audio, de modo que podrá tanto reproducir como grabar este tipo de archivos de la misma forma que la detallada en el epígrafe anterior.

Nota importante: existen otros programas que le permitirán igualmente reproducir, grabar y visualizar archivos multimedia. Entre los más conocidos están **Nero** y **Roxio**.

6.3 EJERCICIO PRÁCTICO

Para una mejor comprensión de los epígrafes referentes a la grabación de archivos de audio o vídeo siga las instrucciones que se le indican a continuación:

1. Abra una carpeta donde tenga almacenada música y seleccione diferentes archivos que desee almacenar en un CD.

    Por ejemplo, en la imagen siguiente se muestra una carpeta personal donde existen diferentes canciones ya guardadas.

2. Una vez seleccionados los archivos pulse el botón derecho del ratón y elija la opción **Agregar a la lista del Reproductor de Windows Media**. De este modo, todas estas canciones pasarán a formar parte de los archivos propios de esta aplicación.

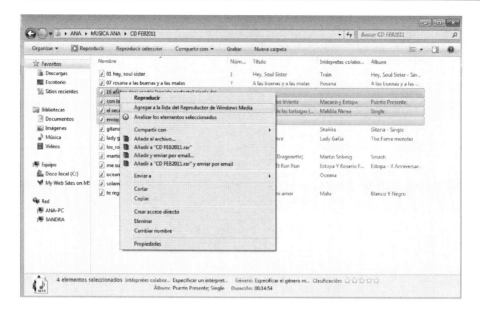

3. Abra el Reproductor de Windows Media y busque todos estos archivos volcados para proceder a su grabación. Abra la pestaña **Grabar** y arrastre en ella las canciones que desee.

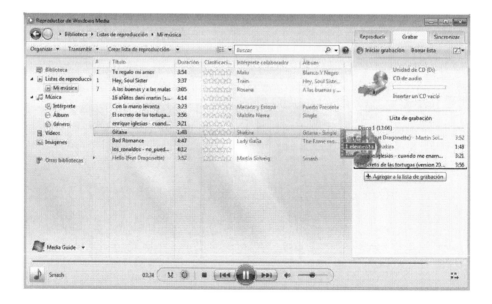

4.   Haga clic sobre el botón **Iniciar grabación** para finalizar el proceso.

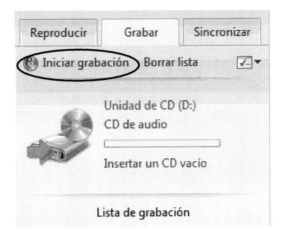

ÍNDICE ALFABÉTICO

Made in the USA
Middletown, DE
19 November 2020

7